精神

刘亚洲 著

长江出版传媒　长江文艺出版社

北京长江新世纪文化传媒有限公司
www.cjxinshiji.com
出品

发现日本联合舰队

绘画：刘亚洲

上世纪六十年代中期，正在上小学的刘亚洲看了电影《甲午风云》，满心愤懑，第二天上课时在作业本上画了这幅画。五十年来，他一直保存着这幅画。

目 录 C O N T E N T S

精 神

纪念抗日战争胜利 70 周年　刘亚洲

（一）

习近平主席指出："新的历史条件下，全党全国各族人民要大力弘扬伟大抗战精神，不断增强团结一心的精神纽带、自强不息的精神动力，继续朝着中华民族伟大复兴的中国梦奋勇前进，不断以坚持和发展中国特色社会主义的新成就告慰我们的前辈和英烈！"

精神是一个民族的文化气质、文化品格，它深刻地影响着民族的生存发展。抗日战争的胜利不仅是政治上的胜利，也不仅是军事上的胜利，而

精 神

且还是精神的胜利，因此也是文化的胜利。文化
的核心是精神。

（二）

中华文明曾经是世界上最优质的文明。中华文明的青春期在先秦。那时候，每一个中国人都活得神采飞扬，有滋有味。男人特别阳刚，女人特别妩媚。百家争鸣，思想茂盛。不料，一个叫嬴政的男人毅然斩断了中华文化的脐带，于是他以后的男人们都渐渐雌化了。秦代留给我们最坏的遗产是把思想的对错交给权力来评判。汉武帝走得更远。他真的把一个最优秀的中国男人阉割了。这一道深深的刀口，是中国历史特殊的符号，也是一个里程碑式的事件。自那以后，中国再也没有出现过荆轲式的伟大男人，也没有出现过伟大的思想家。至明清时情况更为恶化。龚自珍用"万马齐喑"形容中国明清之际的社会，真是再贴切不过了。他还说，今日中国，朝廷中见不到有才华的官员，街头见不到有才华的小偷，民间连有才华的强盗都没有。

中国人失去了原有的精神。千载以降，无论他们的身体呈现何种形态，灵魂都永远跪着。他们如蝼蚁般卑微地生活着。他们只会匍匐，无论在皇权面前，还是在外国侵略者面前。这一状况到中日甲午战争时达到了巅峰。日军进攻辽东，清军有5万人，日军比清军少，不到10天，辽东全线溃败。旅顺要塞，固若金汤，清军只守了一天，日俄战争中俄军守了近一年。日本军医检查清军伤口后提交的报告中写道："从清兵的创口来看，射入口大抵在背后，自前面中弹者极少。"显然这是逃走时中弹的。南京大屠杀时，十几个日本兵押解上万名俘虏去屠杀，竟无一人反抗，连逃跑都不敢。如果有人带个头，用脚踩也把日本人踩成肉饼了，可这个人永不出现。甲午战争后，甚至连清朝的属国朝鲜也做起了瓜分中国的美梦。朝鲜《独立新闻》1896 年发表文章称："但愿朝鲜也能打败清国，占领辽东和满洲，获得 8 亿元赔偿。朝鲜人应下大决心，争取数十年后占领辽东和满洲。"

（三）

中华文明有一个特点：中华民族一旦遭遇外侮，就会迸射出自强之光。中国总是在接近谷底时获得重生。甲午一役，中华民族走到了悬崖边。一个人只有站在悬崖边才会真正坚强起来。一个民族也一样。断了退路才有出路。最惨痛的沉沦造就了最辉煌的崛起。中国被日本打败后，一个奇怪的现象出现了：大批中国有识之士源源不断地涌入日本，开始了向日本学习的过程。两千年来，一直是日本学习中国，什么都学，用过去的话说叫"唐化"，用现在的话说叫"全盘中化"。看看京都和奈良的建筑，给人一种宁静、沉稳的感觉。连房屋的颜色都以灰色调为主。那是唐朝的基调。日本人学中国太凶，以至于认为自己成了中国。1870 年中日两国进行谈判时，中方代表要求日本称清国为"中华"，日本坚决不答应，说：如果称你们为"华"，那我们不成"夷"了？谈判因此差点破裂。

对华战争的鼓吹者福泽谕吉在甲午当年撰文《日清战争是文明和野蛮的战争》，和他同一时期的植村正久则称："要把日清战争作为精神问题"，"这是新旧两种精神的冲突"。甲午以来，日本人看中国的眼光变了，说话的口气也异样了。中国当日本的老师两千年，日本当中国的老师近百年。今天我们的语言甚至都受日本影响极大。像"干部、路线、社会、民主"这些最常用的名词都来自日本。这些名词占了现代汉语社会名词的 70%。如果删掉这些名词，很难写出一篇现代文件。不过，我认为这是日本对中国的反哺。

精　神

　　更重要的是，这批远赴东洋的志士在那里初识了"德先生"和"赛先生"。这两位先生让他们的精神为之焕然一新。他们当中最杰出的代表是秋瑾、陈天华、周恩来和鲁迅。有人说，近代中国历史的转换在两个女人手中完成，一个是秋瑾，一个是慈禧。1907 年 7 月，秋瑾在绍兴古轩亭口英勇就义，她喟叹："忍看眼底无馀子（男人），大好河山少主人。"而一年后，这片河山的真正主人慈禧也撒手人寰。陈天华则在写出了《猛回头》这篇呼唤中国人精神的檄文之后蹈海自尽。陈天华求死，是"恐同胞之不见听或忘之，故以身投东海，为诸君之纪念"。以一己之死，求国家兴隆，中国不灭。在这些辛亥革命党人身上，依稀可见日本武士的影子。

　　特别值得一提的是鲁迅。他到日本原本是学医的。在选择拯救中国人的精神还是拯救中国人的肉体上，他毫不犹豫地挑了前者。不过我认为他仍然是一个医生，他想的是如何医治一个国家的病。世界上，有些人专门留下脚印，有些人专门研究脚印。鲁迅就是专门研究脚印的。我觉得他说过的一句话可以成为他全部著作的概括："今索诸中国，为精神界之战士者安在？"鲁迅常常提到三个问题：一、怎样才是理想的人性？二、中国国民性最差的地方是什么？三、为什么会产生这些病根？三个问题都指向精神层面。鲁迅看到，中国人最大的问题是：没有信仰正是有些人的信仰。毛泽东是激赏鲁迅的。他常常称鲁迅是"我们的鲁总司令"。他说我们有两支军队，一支拿枪，一支拿笔。拿枪的军队总司令是朱德，拿笔的军队总司令是鲁迅。毛泽东和鲁迅在精神上绝对是相通的。

（四）

在那之后，又是因为日本人的缘故，北京爆发
了五四运动。这次运动，既是对日本的再批判，
又是对日本的再学习。批判，是抵制它灭亡中国
的狼子野心；学习，则是从一个民族的身上看到
了另一个民族的背影，使中国在精神和文化层面
上获得涅槃。至此，中国对由日本带来的灾难而
进行的反思达到了最高峰。日本侵略过亚洲那么
多国家，没有一个国家像中国这样进行过反思。
韩国前总统卢武铉说："与日本这样的国家为邻，

是韩国人的耻辱。"可惜韩国人的认知只走到这里就止步了。韩国离日本更近，但始终没有出现过大规模浮海求学的场景。五四运动是中国历史上规模最大、影响最深的思想战争。它差不多算是一场文艺复兴了。五四运动的真谛在于，只有人的站立，才有一个民族的站立。天地之间人为尊。尤其应指出的是，这场运动不仅仅是一场精神的启蒙，它还为民族主义革命和社会主义革命准备了一大批民族精英。毛泽东、周恩来、邓小平就是其中的佼佼者。这场运动的尾声，中国共产党应运而生。这是五四运动最伟大、最美丽的果实。五四运动告诉我们，只有伟大的民族才有自我反省的能力。只有意识到自己责任的民族才是伟大的民族。一个日本人也看到了这一点，他说："如果中国彻底覆亡，东方各国也就没有了希望。如果中国能够勃兴，东方各国救助有望。呜呼，中国问题实乃东方之大问题。"（宫崎滔天《三十三年之梦》）

（五）

　　甲午战争发生在五四运动前，抗日战争发生在五四运动后。这两场战争战场一致，对手一致，但结局迥异。在中华民族反抗外敌入侵的所有战争中，抗日战争最为惨烈。在第二次世界大战所有反法西斯的战争中，中国赢得最为悲壮。原因何在？就是因为中国人的精神面貌发生了根本改变。日本作家司马辽太郎认为，明治一代人是日本历史上最有声有色的一代人。在那之前没有这样的人，在那之后也没有。明治的荣光，至今仍是日本人挂在嘴边的荣耀。而在中国，"五四"一代人则是先秦以来最有朝气、最富生命力、最具品相的一代人。明治一代人和"五四"一代人发生了猛烈碰撞。这是两个精英集团的碰撞，这种碰撞才有了激情，也才有了世纪意味。甲午战争后期，日本人已经没有了激情。但抗日战争不是这样。1945 年日本投降前一个月，它还一口气在江西等地攻占了十八座城镇。它的激情在燃烧，因为它面对的是一个伟大的对手。

读一读《田中奏折》中的那段话："欲征服世界，必先征服支那；欲征服支那，必先征服满蒙。"野心贲张，口气如天，倒也不失男子气概。癞蛤蟆想吃天鹅肉，有种，小东西有大志向。也只有明治一代人才说得出这样的话。反观中国近千年间，就无人敢讲这样的话。然而，到了"五四"一代人，情形大不同。看看毛泽东那个时期的文字，哪一篇不是激情澎湃，挥斥方遒？他的书法更是翻江倒海，呼啸着从纸上站立起来。千年来，小农经济是中国的主要社会形态。这种形态决定了中国军事的防御性。万里长城是防御的极致。中国的英雄，多是在防御战争中产生的。中国古代很少讴歌战争。纵是大唐盛世，描写征战的诗词也是凄苦、哀怨的。有些虽然不失豪放，也摆脱不了悲凉无奈。然而你看看毛泽东的战争诗，哪有一点凄惨的音调？最典型的是《七律·长征》。困苦到那种非人的地步了，毛泽东还吟唱"三军过后尽开颜"。这是一种怎样的境界？

（六）

抗日战争中的侵华日军，是日本明治维新以来最强盛，也是野心最张扬的一代。日军在中国战场的高级将领冈村宁次、板垣征四郎、梅津美治郎等高级将领，都参加过奠定日本强国地位的"日俄战争"，年龄多在五十开外，正处于成熟和巅峰状态。与之相比，毛泽东和他的将领们则是小字辈。彭德怀举行平江起义时30岁。林彪被任命为军团长时年仅24岁。刘伯承参加南昌起义时35岁。1946年粟裕赢得七战七捷的苏中战役时 39 岁。然而正是这些人，以前所未有的青春姿态投入抗日战场，创造了历史。青春具有无尽的冲击力。青春具有无比的想象力。林彪到抗大讲马列课，大家都准备记录，林彪只说了一句话："资本主义是少数人发财，共产主义是大家发财，讲完了。"众人目瞪口呆。关汉卿说："我是个蒸不烂、煮不熟、捶不扁、炒不爆、响当当一粒铜豌豆。"林彪可能读过关汉卿这句话。他爱吃炒黄豆。他在不断咀嚼中体验战争的硬度。平型关一战，正是林彪，改写了日本陆军不曾失败的历史。

　　彭德怀亲自指挥的"百团大战"，对民族精神的升华影响深远。这个战役的命名，豪情满怀，闪烁着英雄主义光芒。这是一个不因岁月流逝而褪色的极富有诗意的命名。当时参加战斗的有105个团（次），左权在听完汇报后脱口而出："好！这是百团大战，作战科再仔细把数字查对一下。"这个响亮的名词立即吸引了坐在一旁的彭德怀，他说："不管是一百多少个团，干脆就把这次战役叫作百团大战好了。"1950 年 12 月 1 日，朝鲜战争第二次战役后，彭德怀亲笔起草给三十八军嘉奖令："中国人民解放军万岁！三十八军万岁！"称一个军"万岁"，这在我军历史上，不，在世界军事史上都是第一次。彭德怀的胆量和豪情淋漓尽致地表现出来。自那以后，中国人民解放军和二十一个国家的军队交过手，未尝败绩，抗日战争就是最精彩的序幕。

（七）

日本格言中有这样一句话："花中樱为王，人中兵为贵。"樱花，当其灿烂盛开之日，也是它凋谢零落之时；武士，当其命殒疆场之时，也是他最荣光之时。日本人认为这二者都是美的极致。我曾在冬天去过日本，那年大雪，但日本小学生们一律都穿短裤，裸露着冻得发紫的小腿。孩子们都在奔跑。大阪人在全世界走路速度最快，平均每秒走1.6米。日本谚语道："快吃快拉是美德。"而中国人则总是劝人"慢走"，"你慢慢吃"。

这种精神下培育出来的日本人是看轻生命的。世界公认西方最强悍的军队是德国国防军，但在斯大林格勒，保卢斯元帅率领 9 万名士兵集体投降。而日本军人在绝境中通常都战至最后一兵一卒，尸骸遍野，极少降服。

甲午战争中，中国人"如死猪卧地，任人宰割"（李鸿章幕僚罗丰禄语）的情景令世界耻笑。抗日战争中，日本人对中国人的屠杀比上一场战争更为酷烈。它是循清朝灭亡明朝的旧路这么做的。听父辈说，在我的家乡，日本人设哨卡，中国人经过时，日本兵伸到人胸口摸一摸，发现心怦怦乱跳的，牵到一边，一刀砍掉。尤其是南京大屠杀，杀得天地为之改色。南京大屠杀之前，中日双方的战斗还是胜负之战；南京大屠杀之后，双方已是生死之战。日本军阀惊讶地发现，仅仅过去 40 年，这个大陆种群已经变得有些陌生了。甲午战争中，中国人只有两种情景，一种是悲惨，另一种是非常非常悲惨。抗日战争中，这两种情景改变了：一种是坚强，另一种是非常非常坚强。特别是共产党员，内心极其强大。起初日本人并不在意，在打了一段交道后才引起重视。史料表明，日军曾煞费苦心研究共产党和八路军、新四军。比如，凡听到别人说话就起立者，不是党员就是干部；询问出生年月，回答"公元某年"而不是"民国某年"者，多是党员，并受过教育。日本人对共产党越是了解，就越是敬重。日本武士有尊重伟大对手的传统。日军攻上狼牙山主峰，目睹了五位八路军战士跳下悬崖的壮举，肃然起敬。日军排成整齐的队形，随着一个军曹的号令，向五壮士跳崖处恭恭敬敬鞠了三个躬。杨靖宇将军生前和死后都受到日军的极大敬畏。他陷入绝境后，日军派叛徒向他劝降，他说："老乡，我们中国人都投降了，还有中国吗？"这句话至今在天地间回响。它让人触到了信仰的力量。杨靖宇将军牺牲后，日军解剖了他的尸体，胃里只有草根和棉絮，没有一点粮食，在场的日本人无不受到莫大震撼。日军头目岸谷隆一郎流了眼泪，长时间默默无语。史料载，这个屠杀中国人民的刽子手，

"一天之内，苍老了许多"。此后，岸谷隆一郎穷毕生精力研究中国抗日将士的心理。研究越深入，他内心受到的折磨越大。最后，他毒死了自己的妻子儿女后自杀。他在遗嘱中写道："天皇陛下发动这次侵华战争或许是不合适的。中国拥有杨靖宇这样的铁血军人，一定不会亡。"

（八）

精神一变天地宽。中华文明浩瀚如海，一旦拨乱反正，它的大气象和大气魄就显现无遗。这一点，日本就显得局促多了。中国是日本的文化母国。就连最著名的右翼反华分子石原慎太郎也不得不承认，一翻开唐诗宋词，心中就涌起一缕乡愁。这是一缕文化的乡愁。中国人和日本人虽然语言不通，但可以通过文字沟通，而我们与很多少数民族就不行。这说明日本在文化上是中国的下游。抗日战争，中日两个民族除了在精神上对决外，就是在格局上对决。中国重新成为日本的老师。日本是个岛国，眼光不开阔。毛泽东的眼光则掠过千山万水。毛泽东看到，甲午战争时，日本始终是攥着拳头对付中国的，而中国却如张开的五指，极易折断。中国不能产生合力的深层原因有两个，一个是农耕文明，自给自足。只有个人，没有集体；二是精神世界封闭，不相信他人。民族的出路在于团结。《义勇军进行曲》就是团结的冲锋号。它至今仍是我们的国歌。诞生于延安的《黄河大合唱》是最华丽的乐章。毛泽东还摒弃前嫌，果断地建立统一战线，国共开始合作。中国团结之日，就是日本衰败之时。日本军阀此时认为不能再拖了，于是匆忙发动全面战争。当时，八路军的武器还不如甲午战争时的清军，但军事思想非常先进，连美军都派人到延安学习八路军的军事思想。毛泽东不仅是战争大师，更是战略大师。日本是一个强盛国家时，毛泽东坚决拒绝与其谈判，甚至不承认它是一个国家；日本战败后，成了非正常国家，毛泽东反而主动与其交往。抗日战争最艰苦时,毛泽东在《研究沦陷区》和《目前形势和当前的任务》中两次指出,日本妄图"消灭中国人的民族精神"。他对抗大学员说:"我们'抗大'人,不能有一个是不抗战到底的!不能有一个是不反对投降的!"他提出"论持久战",是精神上的长征,也是大战略。毛泽东是以思想家的眼光去把握战争风云大势的,能够高屋建瓴地抓住问题本质,而他手下将领如彭德怀、刘伯承等,则从另一个角度对待战争。他们的战争智慧,体现在对战争细致过程的见解上。刘伯承、彭德怀起自行伍,有很深的连排长情结。他们对局部细节的追求,完全是一种连排长的眼光。毛泽东善于把大仗当小仗打,他们善于把小仗当大仗打。理解一个士兵,懂得一个排长、一个连长,也能赢得一场伟大的战争。

我研究过日本陆军大学和海军大学。这两所大学成立于明治维新时期,一直特别重视对战役的研究,反而对战略不甚看重。日本军事院校至今还津津乐道甲午战争和日俄战争的某些战役。战略需要哲学。毛泽东指出，日本是没有哲学的。战略要有全局，日本则特别看重局部。造成的直接后果是，日本在第二次世界大战中几乎打赢了每一场战役（太平洋战争后期除外），可是输掉了整个战争。它太看重胜负，于是只有小胜，没有全胜。毛泽东从不看重某一场战役的胜负，他总是从事物的本质入手，时或举重若轻，时或举轻若重，格外大气。抗日战争胜利五年后，他就挥师入朝，对抗世界第一强的军队，就是战略大手笔。彭德怀掷地有声的那句名言"不过解放战争晚胜利了几年"，这何尝不是毛泽东的精神写照？毛泽东还说：要把中国军队建成世界第二强的军队。他的胸怀比宇宙大，又幽默得紧。遍数日本，不要说没有毛泽东这样的大家，连刘伯承、彭德怀、邓小平这样出色的统帅也没有。山本五十六是日军的另类了，用航空母舰偷袭珍珠港是他的杰作。70多年前，他就知道空中决定论，仿佛触摸到了现代战争的本质。其实，这个神来之笔只是他一时冲动的结果。他居然没有理解自己这一独创战法的划时代意义。他仍然把目光投向大炮巨舰。就在偷袭珍珠港后不久，日本造出了当时世界上最大的战列舰，7万吨的"大和"号。仅这一艘舰的吨位就超过了中国海军全部舰船吨位的总和。反而是被他打得满地找牙的美国人从惨败中捕捉到了胜利之光。美国人把目光投向了天空。从此，美国人给战争插上了翅膀。

（九）

第二次世界大战后，中国成为废墟，"国在山河破"，但精神上获得重生。这个古老的民族开始了新的生命历程。战争没有在日本本土进行，因此，日本是"国破山河在"。这个"国破"不仅指一般意义上的国家灭亡，还指一个民族在精神上的死亡。日本民族的精神在这场战争中遭到重创，其完整性直到今天也无法恢复。美国占领日本，主要还不是军事意义上的占领，而更看重精神上的征服。麦克阿瑟飞往东京时，随从问他带不带枪，他说："什么也不带，就空手去，这样对日本人更有震慑力。"结果，日本人看见麦克阿瑟，就像看见神一样。日本外相重光葵到"密苏里"号签署投降书的前一天，裕仁天皇对他说："你要把明天当作日本新生的第一天，所以你要趾高气扬地去签这个字。"裕仁大大低估了美国人。美国战后对日本进行改造，主要是在精神上瓦解和压制这个民族。美国人把自己的价值观强加于这个东方民族头上。事实证明，东方民族西方化是不健康的。美国利用雅尔塔体系把日本打回到了明治时期的起点。它是不是想让大和民族也回到最初的起点呢？

　　70年来，日本右翼政客每次参拜靖国神社，骨子里都有挑衅美国的意味，因为那些甲级战犯正是被美国人逮捕并处死的，但美国沉默如山。它在日本驻有重兵，而且都在战略要冲。70年前两颗核弹爆炸的巨响声犹在耳边。美国根本不怕日本闹事。美国成功了。日本输得服服帖帖。美国占领世界那么多地方，无论在阿富汗，还是在伊拉克，袭击无日无之，只有在日本一次也没有发生过这种袭击。不错，日本是如裕仁期望般"新生"了，但这是在美国人强势主导下的"新生"。日本成了美国在太平洋地区的一枚棋子，再也没有了对弈者的身份和心态。明治时期的精气神一点儿也没有了。2011 年日本发生大地震，东京剧烈摇晃，一栋栋大楼都"吐出"滚滚人潮。一位中国作家写道："大街上全是人。他们都在一种异样的沉默中缓缓移动脚步。打个不恰当的比方，好像遗体告别仪式时那种静默和步履。虽然没有哀乐，但所有人脚步移动的节奏都是一致的、有序的。上百万人在一步一步往家的方向走。"有人赞赏这种状态，认为日本人井然有序。我却不这么看。从这种举动中你难道看不出压抑和窒息吗？这是万众一心吗？这是万人一面。明朝末期中国人在扬州和嘉定不也都出现过类似情景吗？人一旦成了机器还叫人吗？恰恰是两个发动了第二次世界大战的民族都被人称为"机器民族"，难道其中有什么深奥之处吗？我经常研究日本人的名字。从日本人名字的变迁中可窥一二。明治时期，日本人的名字大都英气蓬勃，如伊藤博文（君子博学于文）、山县有朋（有朋自远方来）、夏目漱石（枕流漱石）、大隈重信（民无信不立）、宫崎滔天……上世纪初，还是中学生的毛泽东给宫崎滔天写了一封信，上来就称呼道："白浪滔天先生。"我想毛泽东一定注意到了日本姓名的不凡之处，否则他不会这么叫。这些铿锵的名字已经离今天的日本人远去了。

抗日战争过去 70 年了，日本仍有些人对战胜了他们的中国人民耿耿在念，这是日本民族精神矮化的一个重要标志。哪有一个战败国，对彻底的战胜国——原谅并宽恕了自己的战胜国，这个战胜国还放弃了战争赔款和对日本的占领——过了 70 年，还充满了怨妇般的愤恨？中国人特别是中国共产党人，对日本人是宽宏大量的。抗日战争中，由于精神的转换，中华民族已成为精神的强者和巨人，所以才宽宏大量。对待历史的正确态度是：不能忘却，可以宽恕。新华社记者穆青曾是八路军 120 师的干部，一次，他随部队攻占了日寇的一个炮楼，在炮楼角落里发现了两个大木箱，打开后，竟是被日本鬼子剁下来的人手，有大人的，也有孩子的，满满两箱子。穆青所在连的连长是个身经百战的老红军，也禁不住捂住嘴蹲下身去。战士们都哭了。国民党远征军将领孙立人在缅甸作战，俘虏了不少日本兵，部下请示他如何处理，孙立人说："这些狗杂种，你再审一下，凡是到过中国的，一律就地枪毙。今后就这么办！"国民党军也同日本人打了不少仗，多是败仗。但败仗也是仗，至少是打了仗。不过在对待日本俘虏问题上，就远比不上共产党人了。在八路军的队伍里，有不少日本反战同盟的成员，他们大多数是被俘虏的日本士兵。后来，他们当中很多人随共产党从东北打到海南岛。在国民党军队中就没有听过这种事。华盛顿说："如果一个民族长久地仇恨和崇拜另一个民族而无法自拔，这个民族心理上就是奴隶之邦。"日本不对战争罪行道歉，继续仇恨中国人民，它在精神上就永

远是侏儒，永远是心理上的弱者。1973 年，已经
80 岁的毛泽东曾评价日本"是个没有安全感的国
家"，也许道理就在于此。

2015 年 7 月 1 日

甲午殇思

甲午战争 120 周年祭　刘亚洲

记者：请您谈谈对甲午战争的看法。

作者：习主席说："历史是现实的根源，任何一个国家的今天都是来自昨天。"甲午战争是一场深刻影响和改变了两个国家命运的战争，这两个国家一个是中国，一个是日本。再往大处看，它还在相当程度上影响了世界历史。当然，受影响最大的还是中国。对中国而言，这场战争的历史深刻性在于两点：一、战争失败了，但失败的原因至今仍在追问之中；二、战争虽然早已结束，但战争的伤口并未愈合，仍然横亘在历史和现实之间。对这场战争疑问的解答，构成了我们民族进步的阶梯。从这个意义上讲，甲午战争已成为一种标志，一个符号。

一、制度

作者：甲午之败并非海军之败，也非陆军之败，而是国家之败。

记者：为什么这样说？

作者：甲午战争日本的胜利是制度的胜利。大清帝国的失败是制度的失败。鸦片战争一声炮响，唤醒了清朝的同时也唤醒了日本。中日两国同时走上了"改革开放"的道路。但两个国家学习西洋文明，一个从内心革新变化，另一个则止于外形。一个把外来的东西当饭吃，一个把外来的东西当衣穿。当饭吃的消化了，强身健体；当衣服穿的只撑起了一个模样。福泽谕吉说，一个民族要崛起，要改变三个方面：第一是人心的改变；第二是政治制度的改变；第三是器物的改变。这个顺序绝不能颠倒。如果颠倒，表面上看是走捷径，其实是走不通的。日本就是按照福泽谕吉这个顺序走的，而清朝则反着走。结果一个成功了，一个失败了。德国"铁血宰相"俾斯麦曾分别接待过中国和日本两个代表团，后来有人问他对中日的看法，他指出，中国和日本的竞争，日本必胜，中国必败。他说："日本到欧洲来的人，讨论各种学术，讲究政治原理，谋回国做根本的改造；而中国人到欧洲来，只问某厂的船炮造得如何，价值如何，买回去就算了。"

记者：当时清朝有句口号叫"中学为体，西学为用。"

作者：中国古代文明太灿烂了，反而成了我们的包袱。日本从来不是领导世界历史文明潮流的强国，因为它缺乏文明的原创力，这反而使它在全面西化时能够轻装上阵。况且日本是个爱学习的民族，谁强跟谁学，而且学得有模有样。当年它被唐朝打败之后，立即派出大批遣唐使。那时日本，弥漫的是一股"唐化"之风。二战结束后，东京的废墟瓦砾还没清除干净，裕仁天皇就签发了向美国派出留学生的诏令。所以，明治维新短短三十多年时间，便把日本变成了一个现代国家，并不让人惊讶。日本与清朝的对决，是一个现代国家与前现代国家的对决。清朝怎么能赢？

记者：您说当时日本已成为一个现代国家，有什么标志？

作者：最主要的标志是人的觉醒。日本秉承中国文化上千年，其国家形态与它的母国是一样的：国不知有民，民不知有国。人民只有宗族意识，没有国家意识。那时候西方传教士到中国和日本来，都一致承认中日两国人民的忍耐与坚忍无与伦比，但另一个印象就是麻木不仁，对压迫逆来顺受，毫无主动性和创造性。日本有本书叫《支那论》，说中国人"似蚯蚓这种低级动物，把一段身子给切断了，其他部分没有感觉，仍能继续活着。"其实以此来形容明治维新前的日本人，也不差分毫。但西风东渐之际，日本人断然斩断了上千年的文化脐带，脱亚效欧，加入了西方的发展行列。人民变成了国民。

百姓是不是国民，有两条重要标准，一是有没有权利，二是有没有财富。明治维新的同时，日本还搞了"自由民权"运动，其核心是"纳税人的参政权"。大久保利通说："国家强大源于民众的富足。"日本走了和清朝洋务运动相反的路，鼓励民间资本，而洋务运动则把国企搞得巨大无比。清政府将统治集团利益置于人民利益之上，是导致日本敢于入侵的原因之一。腐朽的制度不仅阻碍民族发展，为敌国入侵提供可能性，并在关键时刻出卖民族利益。甲午战败后赔了那么多钱，可战前买军舰，竟一分也掏不出来。有了国民，就有了真正现代意义上的国家。很多日本学者在总结甲午战争经验时都认为，国民意识是战争胜利的最大法宝。国民国家是近代日本的基本国家模式。反观大清帝国，当日本在不顾一切地调动和激发全民族的创造力的时候，清朝则不顾一切地将民间思想火花扑灭于萌芽之中。战争从来就不是老百姓的事，甚至不是军人的事。威海卫陷落后，南洋舰队曾派人向日本海军请求归还被俘去的南洋舰队的两艘军舰，因为这两艘军舰是北上参加北洋水师会操的，而非参战，理应归还。此事成了海战史上的笑柄。

记者：一切事情，核心因素是人。

作者：梁启超说："今日世界之竞争，不在国家而在国民。"日本自然资源实在匮乏，所以就最大限度开发人的资源。明治维新时是这样，今天也是这样。它首先抓的是对人的教育。这里说的教育指的是完全不同于日本"唐化"后的旧式教育，而是"欧化"后的新式教育。甲午战争十年后，日本又打赢了日俄战争。日本天皇说，赢了这场战争，他最应当感谢的是日本的小学教师。因为日本士兵绝大多数都受过小学教育，而沙俄士兵则大多数是文盲。时至今日，日本乡村最好的房子仍然是明治维新时期建的小学校。教育的革命带来了思想的革命。军队是更需要思想的。对一支军队而言，思想才是真正的撒手锏。红军就是一支有思想的军队，所以它战无不胜。

记者：相比之下，清军就差多了。

作者：清朝的教育是中国历史上最差的教育。有个国家领导人在一次会议上拿出两份清朝的名单，它们是收藏在国家图书馆的。第一个名单上的人是傅以渐、王式丹、毕沅、林召堂、刘子壮、陈沆……

记者：都没听说过。

作者：第二个名单上的人是李渔、洪升、顾炎武、金圣叹、黄宗羲、吴敬梓、蒲松龄、袁世凯。第一份名单上的人都是清朝的状元，第二份名单上的人都是清朝的落第秀才。这两份名单最能说明教育的问题。

记者：这个对比太强烈了，也太有说服力了。

作者：思想的力量太重要了。人的精神即人的思想。人的思想即人的精神。思想不仅是心理的，也是生理的。思想才是最性感的器官。我看二战时期日本军队的影像，总觉得日本军人脸上有股异样之气，别人很难模仿。老干部看了我国演员扮演的日本兵，总说："不像。"为什么不像？缺少了什么？有一次，我在日本访问，正值马拉松比赛，七大电视台全部转播。日本几乎是全国观看。有一个运动员腿扭伤了，花了近五个小时才跑到终点，但日本电视台一直在跟拍他。街道两侧，密密麻麻全是为他鼓气的人。这时我突然明白了日本人身上那种异样之气是什么了。就在甲午战争前不久，李鸿章访问英国，英皇室为他表演网球。事后问他观感，李鸿章说："很好，很好，只是实在太辛苦，何不雇人来打？"

记者：李鸿章这样的人，还是洋务运动的精英。

作者：梁启超认为李鸿章是时势所造的英雄，而不是造时势的英雄。在他看来，日本的伊藤博文则是造时势的英雄。他还说，像伊藤这样的人，在日本成百上千；"中国之才如李某者，

其同辈中不得一人。"人是改革的动力，也是
改革的阻力。成事在人，败事也在人。李鸿章
以一人来敌一个精英集团，怎能不败？

二、战略

作者：甲午战争其实也是中日两国发展战略的对撞。十九世纪中叶，西方列强入侵东方，亚洲各国相继沉沦，只有中日两国奋起自强。中国发起洋务运动，日本搞起了明治维新。洋务运动的倡导者和参与者，在建立现代国家的努力上，与日本明治时期那代人，同样应该值得尊重。问题是，东亚狭窄，容不下两个国家同时崛起，尤其容不下中国这样的大块头崛起，这就决定了中日间必有一战。日本对此认识得非常清楚，而清朝则懵懵懂懂。中日双方都在西方船坚炮利的逼迫下进行战略转移。日本实现了由传统战略向现代国家战略上的彻底变革。相反，清朝在确立具有现代特征的国家战略上始终裹足不前。直到国家覆亡，都没有制定出现代意义上的国家战略。

记者：这告诉我们，任何时候，最重要的是要有清晰的战略。

作者：第一位的是要有战略意志。在这一点上，我们要向日本学习。日本是个岛国，它始终认为自己的出路在大陆。为了踏上列岛西边这片大陆，它已经准备了上千年。也就是说，它的对华战略已经酝酿了上千年。历史上的日本有两个特点：一、一旦权力集中，就要征服朝韩半岛；二、每一次自然灾难之后，就会出现要求对外动武的声音。最近的一次是福岛大地震后，日本右翼分子对钓鱼岛的染指。其实这都与它的大陆战略有关。大陆情结贯穿了日本历史的始终。

中国历史上不乏大思想家、大战略家，但是难以有跨越数代人的长久性大战略和实行这种战略的意志。日本发动甲午战争时，叫嚣的是"国运相赌"。清朝就没有这样的国家意志。甲午战争之后，日本是想永久占领中国的，所以它学习的是清朝灭亡明朝的经验，以摧毁中国人的心理和意志为主。这就是为什么日军在战争中对中国人那么凶残和几次大屠杀的原因。南京大屠杀就是"扬州十日"的翻版。从这个意义上说，大屠杀不发生在南京，也一定会发生在其他地方。只不过南京更合适罢了。它是首都，屠城的震撼力远大于扬州。这是日本的既定战略。

记者：这样一讲，日本的脉络就看得很清晰了。

作者：其次是战略眼光。要看得深、看得远。中国的历史，首先是世界历史进程的一部分，然后才是自身发展的历史。只有布局天下，才能布局中国。甲午战争既是中日双边冲突，又是大国博弈的产物，对国际格局的影响至今未消。1853年，英国在克里米亚战争中战胜俄国，堵住了俄国南下的道路。不久后，左宗棠收复新疆，也让俄国在中亚方向无所作为，所以它掉头东进，这就与日本发生了冲突。恩格斯就认为甲午战争是俄国挑拨离间的结果。甲午战争后，日俄冲突成为必然。十年后，双方爆发了被西方称为"第零次世界大战"的日俄战争，这场新列强战胜老列强的战争，催生了日后的俄国"十月革命"，对世界大格局产生了更深远的影响。

记者：请您谈谈清朝的军事战略。

作者：美国人李普曼说，只要存在着一条军事疆界，一条相应的政治疆界就会出现。这句话也可以反过来理解：只要存在一条政治疆界，一条相应的军事疆界就应该出现。军事战略是国家战略的一部分。军事战略应当服从国家战略。但是如果军事战略出了问题，仗打败了，这个国家的国家战略也就完了。退一万步说，即使国家战略出现失误，如果军事战略恰当，还能为国家战略重构创造机会。否则，即使国家战略正确，如果没有正确的军事战略配合，国家战略照样无法实现。纵观当时中日两国的国家战略，最能说明这一点。清朝经过三十年洋务运动，迎来了千载难逢的战略机遇期，将强未强，这与今天很像。清朝的首要目标是确保战略机遇期不失去。日本则强调"强兵为富国之本，而不是富国为强兵之本"，八次扩充军备，准备"举国发动，国运相搏。"谁的国家战略目标正确，一目了然。但战争结果是，正确者失败，错误者胜利。差距就在军事战略上。

记者：清朝也有一支完全新式的海军和陆军啊。

作者：清朝经过了三十年的军事变革，建立了一支表面上脱胎换骨的新式海军和陆军，但它的军事变革是失败的，主要是观念落后。胜利的军队用未来的观念打今天的战争；失败的军队用昨天的观念打今天的战争。清朝的军事变革，正如车尔尼雪夫斯基评价彼得大帝的改革那样，"大胡子剃掉了，德式西服穿上了，但是留大胡子、穿旧式服装时期的那些思想却留下了。"清朝的军事改革从根子上没有能够摆脱农耕文明的桎梏。农耕生产方式要解决的问题首先是天下太平，有饭吃就满足。农耕文化的眼睛是向内而不是向外看的。清朝内斗那么激烈也是农耕文化的产物。因此，北洋水师虽然拥有世界上最强大的铁甲舰，奉行的却是长期防御性战略。这是一支农民的海军，因此是一支守土的海军，而不是一支经略大洋的海军。表面上看，甲午海战的战场上，是双方"海龟"的较量。军舰都是从欧洲进口，双方将领毕业自同一所军校，且都用英语指挥，但那是农民与现代军人的较量。那是鸡蛋和石头的碰撞。我曾为北洋水师在全部海战中没有击沉过一艘日舰而震惊。后来我想通了，这丝毫不奇怪。全世界的鸡蛋联合起来就能够打过石头吗？退一步讲，即使是防御，第一道防线也应该在对马海峡展开。反观北洋水师，只敢在大陆沿海做些机动。作为失败的典型，这支水师实在太"成功"了。

记者：清朝军事变革还有什么问题？

作者：还有两点，第一是没有现代军事思想家。没有军事思想家就无法进行战争的顶层设计。而顶层设计的失败是最大的失败。中国一贯有轻视军事思想家的传统。兵书是不登大雅之堂的。正经的读书人以读兵书为耻。德国在第一次世界大战战败后，在列强的监视和重压下，从零开始，仅仅二十年时间就建立起一支全新的机械化大军，横扫欧洲。德军是怎么做到的？根本原因就在于它们重视军事理论家。古德里安因为他的理论被任命为德军第一支装甲兵团的司令官，官拜上将。中国自古很少有军事理论家受到如此重视。与之相反，日本对华侵略的思想、政策的设计者，基本都不是政府官员，而是普通的学者和知识分子。

第二是难以冲破利益的藩篱。清朝的新军本来就是在湘军、淮军基础上组建的，门户对立，内斗激烈。朝廷上有维新派与顽固派的斗争，朝廷外有革命党与保守党的斗争。黄遵宪在甲午战争中悲愤地说："噫吁哉！海陆军！人力合，我力分。如蠖屈，不得申；如斗鸡，不能群。"军事工业分属不同的洋务集团，已然成了官员私产。战争中，日军缴获大量清军装备，这些装备型号之多，令日军瞠目。各个集团都在把自己的利益最大化。北洋水师炮台上的火炮型号达八十四种之多。

记者：这样的军队怎能打胜仗？

作者：甲午战争中，一些优秀的清朝军人尽力了，特别是北洋水师的一些将领。北洋水师共有十一名管带，七名殉国。近三千官兵血洒海疆。但这并不能改变战争结局。他们越英勇，就越反衬出政府无能，反衬出战略出错所造成的代价之惨重。甲午战争，是近代历史上中国军队与外国军队武器装备差距最小的一次战争，又是中国军队败得最惨的一次战争。短暂的战略机遇期彻底失去。日本由此一步步走向强盛。中国则自始万劫不复。仅举海军为例，到二次大战爆发时，日本海军总吨位为九十八万吨，拥有十艘航空母舰。此时中国海军全部舰船总吨位只有五万九千吨，还没有日本一艘"大和"号战列舰的吨位（六万五千吨）大。

三、信仰

作者：甲午之败还是文化之败。

记者："甲午殇思"系列中专门有一篇文章谈这个问题。

作者：了解一个民族首先要了解其文化。文化的核心是精神。精神的核心是信仰。这是一个民族的基因。基因决定了一个民族特征、发展和变异。要知道一个国家未来向哪里去，可以先通过基因分析看看它从哪里来。分析甲午战争，同样必须分析双方的基因，才能透过现象看清本质，

才能找到千年前的根源，也才能够看清千年后的
发展。甲午战争前，日本向中国派出了大批间谍，
我记得有一个间谍来到南方一处游冶场所，倾听
缓慢、悠长、哀伤的二胡演奏，良久，他说："完
了，这个大国完了。"他从音乐声中看到了晚清
中国人的精神状态。

记者：评价甲午战争时，都觉得中日两军精神
状态差距太大。

作者：清军没有守住一座该守住的城池，没有
攻下一个该攻下的阵地。丰岛海战，平壤之战，
乃至大东沟海战，日军无一战有十足胜算，但清
军却总是无一战不一触即溃。丰岛海战，方伯谦
逃；成欢、牙山之战，叶志超逃；黄海海战，"广
甲"管带吴敬荣逃；旅顺保卫战，卫汝成、龚照
玙、赵怀业逃。日本《日清战争实纪》写道："支
那大将身形高大，力气超群，貌似可指挥三军，
然一旦开战就变成弱虫一条，尚未听到枪声就逃
之夭夭，甚至披上妇女衣装，企图蒙混过关。"
以至于战后日本儿童在游戏时，辱骂失败者是"支

那。"两国老百姓的精神状态对比也非常强烈。中国老百姓送亲人上前线，哭哭啼啼。日本人出征的情形，梁启超写过了："亲友宗族把送迎兵卒出入营房当作莫大光荣。那光荣的程度，中国人中举人进士不过如此。"他还说，日本人欢送亲朋子弟入伍都以"祈战死"三字相赠。报刊所载赠人从军诗，都以"勿生还"相祝贺。就连在日本社会地位最卑微的妓女，也捐钱捐物资助国家战争。

旅顺大屠杀时，中国百姓几乎未有任何抵抗，绝大多数神情麻木，如待宰羔羊。李鸿章幕僚罗丰禄描述："倭人常谓中国人如死猪卧地，任人宰割，实是现在景象。"福泽谕吉说："支那人民怯懦卑屈实在是无有其类。"在中国，一共发生过两次刺杀日本高官的事件，一次是安重根击毙伊藤博文，一次是尹奉吉炸死陆军大将白川义则。两个义士都是朝鲜流亡者。朝鲜人在中国土地上有如此惊天地、泣鬼神的壮举，让日本人胆寒。我常常想，如果他们是中国人该多好。还有一个现象值得注意：台湾被日本统治了五十年，韩国也被日本人统治了五十年，可台湾和韩国对日本的态度截然不同。台湾不少人媚日、崇日，像李登辉、吕秀莲都恨不得重新变回日本人。而韩国人则仇日、排日，连日据时代的建筑都得拆除而后快。如果一条鱼病了，是鱼的问题；如果一条河的鱼全病了，那就是水的问题。

记者：这个"水"指的是中国文化吗？

作者：是的。中国的国民性在古代是非常辉煌的。春秋时期，中国人性格阳刚勇武，思想灿烂绚丽，极富进取心也极富创造力，到处是慷慨悲歌侠肝义胆之士。与之相得益彰的则是直到今天仍令我们神往的诸子百家，洋洋大观！那时的中国人是有信仰的。他们信仰的是中国传统中最健康的东西，如信、义、仁等等。秦始皇之后，专制皇权大行其道，对人民一代一代进行奴化教育。被统治阶级阉割后的儒学道统使得中国只知道有家，不知道有国。孝子太多，忠臣太少。政治权力不允许民众树立信仰与道德，因此成了一盘散沙。尤其是经过元、清两个马背民族的统治，中国人的血性几乎被摧残殆尽。你看看明、清的绘画，很多是颜色黑白的山水画，愁云惨雾，给人一种凄凉压抑的感觉。戴季陶说，日本最消极的"浮世派文学艺术"的画中，都含有不少杀伐之气。二百多年前，一个叫马戛尔尼的英国人到中国走了一趟，回去后，一针见血地说了一句话："中国人没有宗教，如果有的话，那就是做官。"日本间谍宗方小太郎研究中国后得出一个结论："人心腐败已达极点。"他提出，国家是人民的集合体，人民是国家组织的一"分子"，"分子"一旦腐败，国家岂能独强？"分子"腐败，国家的元气就丧失消亡，这比政策失误还要可怕。

记者：日本似乎也没有宗教。

作者：对，日本对外出口一切，但独不输出或输不出宗教。然而，日本人有信仰。日本的武士道精神，最初来源于中国春秋战国时代的豪侠人格。石原莞尔认为，中国原先也是有"武士"的，但这种"武士"在宋朝以后永远消失了。中国的

"武士"在日本得到了发扬光大。日本神道最强调"忠"。"忠"在日本才是一种宗教，并成为超越其他一切宗教的思想。缘由是这个岛国历史上从未受过外来侵略，也没有发生过王朝更替，是所谓"万世一系"。武士道精神加上对天皇的忠诚，使日本出现了一种畸形的信仰。

记者：战场上，日本兵像疯子一样。

作者：日本神道把死亡视为解脱，认为死者可以免于受到谴责。武士道强调看透死亡。武士道最初要学习的就是忍耐、冒险和自杀。"武士道就是看透死亡，于生死两难之际，要当机立断，首先选择死。"而且是果断地死，毫不犹豫地死。武士只要做了对不起领主的事，唯有切腹自杀以谢罪。所以日本文化把认罪看得很重。正因为如此才不会轻易认罪。切腹自杀是最痛苦的一种自杀方式，却最受日本推崇。还要讲究身体不能倾斜，武器不能随便摆放，自杀的十字纹还不能有偏倚。在武士看来，樱花凋谢时是最美丽的。这种信仰调教出来的人，在侵略战争和屠杀中是不会有任何道义和怜悯的。我看甲午战争时期中日两军的照片，总有一个强烈的感觉：清军士兵无论拿什么武器，看上去都像一个厚道的农民；而日本农民不管拿什么武器，看上去都像一个武士。你再看看日本的军歌："……冲向高山，让尸骸填满沟壑；走向大海，让浮尸浮满洋面。"在现代世界军队中，哪支军队有这样又是尸体、又是鲜血的军歌？

记者：听上去像今天恐怖主义分子的调门。

作者：日本军国主义者就是恐怖分子。日本侵略中国，从来就是以屠杀为手段。有一种研究认为，甲午海战时，北洋水师炮的口径大，日舰的炮口径小，但射速快。日军是打人不打船。当四至五倍于清舰射速的炮弹雨点般地落在船上时，给北洋水师造成的肉体创伤和精神打击是巨大的。日军攻击旅顺，远没有像十年后日俄战争时那么吃力，那么伤亡大，但它还要在旅顺进行大屠杀，杀得旅顺只剩下三十六人。面对这样凶残的敌人，你想当时处在半殖民地半封建状态下的中国人能够抵挡吗？

　　记者：难以想象。

　　作者：可是，一个奇怪的情景发生了。就在甲午战争发生四十年后，有一批中国人做出了这个民族近千年来不曾有过的壮举。这个壮举令世界震惊，也令中国人自己震惊。这就是1934年红军进行的二万五千里长征。中国工农红军一扫甲午年间中国人的那种懦弱、麻木、贪生怕死，展现出来的是一种全新的精神面貌。他们是那样英勇、大无畏，那样藐视死亡和苦难。长征，被美国作家索尔兹伯里比作犹太人出埃及、汉尼拔翻越阿尔卑斯山和美国人征服西部，他认为："本世纪中没有什么比长征更令人神往和更为深远影响世界前途的事件了。"布热津斯基说："对崭露头角的新中国来讲，长征的意义绝不只是一部无可匹敌的英雄主义史诗，它的意义要深刻得多。它是国家统一精神的提示，也是克服落后东西的必要因素。"这支衣衫褴褛、面带饥色的军队从中国南方出发时有八万多人，到陕北时只剩下不到六千人。可正是这支军队，后来建立了一个强大的新生政权。仅仅四十年，他们应该还算是甲午同代人。他们怎么会这样？是什么使他们改变得如此面目全非？

记者：您说是什么？

作者：我给你讲一个长征中的故事：红军翻越一个叫党岭的雪山，那是长征中最高的雪山，很多人因为缺氧和劳累死去了，被埋在雪堆里。后来部队上来后，发现有一只胳膊伸出雪堆，拳头紧握。他们掰开这只手一看，里面是党证和一块银元。党证里写着：刘志海，中共正式党员，1933 年入党。从这个故事中，你一定会明白红军的力量来自哪里。

记者：信仰。

四、国运

作者：甲午一役，是民族之哀，民族之痛。但我认为，它同时还是民族之幸。因为在这场战争之后，一个奇妙的瞬间诞生了。在这个瞬间里，历史向古老的中国打开了另外一扇门。

记者：为什么这么说？

作者：甲午战争的失败导致了中国人群体意识的觉醒。甲午战争对中华民族的影响，梁启超曾有过入木三分的评论："吾国四千年大梦之唤醒，实自甲午战败割台湾、偿二百兆始。"从准确意义讲，不是鸦片战争，而是甲午大败才是中国人真正睁开眼睛看世界的开始。甲午战争直接导致了辛亥革命的发生。甲午年六月，时年二十八岁的孙中山上书李鸿章，指出器物层面改进不足以胜西洋，结果不被采纳。三个月后，黄海兵败。同年 11 月，檀香山兴中会成立。次年 2 月，香港兴中会成立。兴中会就是同盟会的前身。几年后，清朝被推翻。1919 年因为不满日本强加给中国的所谓"二十一条"，北京爆发了五四运动。正是在这个运动的基础上，中国共产党诞生了。从此，中国历史开始了伟大的转折。

毛泽东出生在甲午战争前一年。邓小平出生在甲午战争十年后也就是日俄战争的当年。他们的青年时代，正是甲午风云掀起的巨涛对中国近代史冲击最猛烈的时代。启蒙、自强与救亡，是那个时代的主旋律。他们的思想上一定有深深的甲午烙印。他们肯定从来不曾忘记甲午。上世纪六十年代，毛泽东在谈到中印领土争端时说过"不能做李鸿章"的话。1982 年，面对英国首相撒切尔不愿把香港主权归还中国，邓小平说："如果不收回，就意味着中国政府是晚清政府，中国领导人是李鸿章！"正是在这两位伟人手中，中华民族获得了复兴。

记者：还没有人从这个角度看甲午。

作者：从另一个意义上讲，我们还应当"感谢"日本。毛泽东就讲过类似的话。1956 年，毛泽东在与访华的日本前陆军中将远藤三郎谈话时说："你们也是我们的先生。正是你们打了这一仗，教育了中国人民，把一盘散沙的中国人民打得团结起来了。所以，我们应该感谢你们。"日本是一个有特点、有优点的对手。中国是日本最早的老师，日本是中国最新的老师。没有甲午一役，中国还不知道要再沉睡多少年。鲁迅骨头那么硬，谁都敢骂，但他从来不骂日本人。我想鲁迅绝对不是怕日本，肯定另有原因。鲁迅和毛泽东有着同样清醒的灵魂。伟大的心灵都是相通的。

记者：有道理。

作者：马基雅维利有句名言："造就最强大国

家的首要条件不在于造枪炮，而在于能够造就其国民的坚定信仰。"中国共产党在当代最伟大的历史成就之一，就是再造了中华民族的精神信仰。也正是这群有信仰的共产党人，领导中国人民走出了甲午战争失败的阴影。抗日战争中，他们不仅彻底战胜了日本侵略者，还在第二个甲午年到来之际，打胜了一场抗美援朝战争。这似乎是一个宿命。当年的甲午战争，因朝鲜而起。抗美援朝战争，又回到了六十年轮回的原点，这一仗不仅挽回了中国军人自 1840 年以来屡战屡败失尽的颜面，而且为民族复兴提供了重要心理支撑点。这是毛泽东的大手笔。萨镇冰曾是北洋水师的管带，刘公岛鏖战时，夫人来探望。萨镇冰说："这里是什么地方？今天是什么日子？告诉她就当我死了，叫她速回！"夫人垂泪而归，不久就去世了。萨镇冰后来重建民国海军，新中国成立后还当过中央军委委员，但终生没有再娶。他在抗美援朝胜利后欣喜若狂，写下了"终有扬眉吐气天"的诗句。去世前还赠诗毛泽东："尚望舟师能再振。"

甲午战争以来，日本人真正开始正视中国并试探与中国建立邦交，自朝鲜战争始。

记者：请再谈谈日本甲午一役后的结局。

作者：日本的结局与中国正好相反。甲午战争中国败了，却是凤凰涅槃，一步步走向辉煌；日本胜了，却在胜利中一步步走向死亡。甲午战争不仅使日本淘到现代化的第一桶金，还尝到了"国运相赌"、"以小博大"的甜头，在军国主义的道路上越走越远。最后，日本军国主义者已狂妄得没有边际了，竟然叫嚣要"将旭日旗插上喜马拉雅山山顶"。美国学者研究认为，日本患上了一种"胜利病"。什么仗都敢打，什么国家都敢侵略。看看日本人甲午战争后的旅程，我认为就是一场奔丧的过程。直到牺牲了上千万军民，挨了两颗原子弹，输得一干二净：交出了朝鲜半岛，交出了中国东北，交出了台湾，除了一个冲绳之外，其他吃进去的东西都被迫吐了出来。种未灭，国已亡，至今还是个非正常国家。这一切，不能不说都与甲午战争有关。日本民族性格中一些本来是优点的东西，走到极致，也就滑向了反面。岛民善冒险，总是搞突然袭击。凭借冒险和偷袭，日本赢得了甲午战争和日俄战争的胜利。滥用这种力量，在最后一场战争中则遭到惨败。韩国学者李御宁指出："袭击珍珠港的念头，来自刹那间一击取胜的剑道和相扑，但那场地太大了。每当把盆景树木要移植到广阔的平原时，日本总是犯大错误。"

当下的日本又是如此。

2014 年 4 月 11 日

红山九品

刘亚洲

编者注：刘亚洲2009年任国防大学政治委员，至2014年6月做过九次即席讲话。这些讲话就国家安全与国家战略、军队建设、军事教育等重大问题发表了独到的看法，引起学校的强烈反响。它们在学员和教员中广泛流传，因国防大学位于北京红山口，这些讲话又被称为"红山九品"。

国防大学的未来

一、方向

毛主席亲自为国防大学制定的校训，第一条就是"坚定正确的政治方向"。国防大学是培养我党武装力量领导人才的最高学府，在任何情况下都要把坚持正确的政治方向放在第一位。讲政治是国防大学之魂魄，也是国防大学的精神。

国防大学应具有开放和创新的精神。"坚定正确的政治方向"后面还有一句"严肃、活泼"。

我认为"活泼"二字讲的就是开放和创新。因此，开放和创新也是我们的校训。坚定正确的政治方向是纪律，开放和创新也是纪律。国防大学应当也必须是一个创新的舞台、解放思想的舞台。

开放和创新也是讲政治，甚至是最大的讲政治。开放和创新的基础是坚定正确的政治方向。反过来说，也只有坚持开放和创新，才能更好地坚持坚定正确的政治方向。这一点，小平同志已经多次告诫过我们。在我们学校，越是领导干部，越是学科学术带头人，越要在讲政治的同时讲开放、讲创新。

国防大学要具有大气象，有大胸怀，出大师。大学，就是要学"大"，而不是学"小"。好的学校不仅要有名师、名气，同时更要有大师、大气。我们要有信心把国防大学办成名校，培养名师。因为有名师，才有名校；因为有名师，才可能有名将。有时候，是先有名师才有名将；有时候，是先有名将后有名师；有时候，名师本身就是名将；有时候，名将本身也是名师。像美国那些征服过一个大陆的统帅，无论是麦克阿瑟、艾森豪威尔，还是巴顿等，都既是名师也是名将。刘伯承老校长就既是军事教育的大师也是名将。这应该成为国防大学建设发展的目标。

要成为名师或大师，首先要耐得住寂寞，要静下心来做学问。古往今来，战争理论成就了那么多将帅，但这些战争理论的发明者总是默默无闻的。像富勒、克劳塞维茨终极军衔就是少将。马汉也差不多。杜黑只是个尉级军官，还坐过监狱。我们大学的教研人员为我军的理论创新做出了巨大贡献，很多人也是默默无闻的。我们献身于这个事业，就要有这个心胸、这个境界。

军事理论创新是时代的需要，也是历史的需要。前几天，一位地方领导同志给我们作报告时讲："我们现在不调整结构，就会被结构所调整。"指的是什么呢？时不我待。军事理论创新，时间紧迫啊。有些人以为我是作家，其实错了。这一点，倒是美国人看得非常清楚。美国人认真研究了我在上世纪八十年代初发表的一系列军事题材

的报告文学，得出结论：这些以文学形式出现的
作品，实则是中国军事变革的前奏。这些东西能
出自一个中国基层军官之手，是值得注意的。我
为什么会那么早触及军事变革的脉搏？来源是什
么？实际上来源于上世纪七十年代那场战事之后
我的一种急迫的、焦虑的心情。那场战事是百战
百胜的人民解放军在"文革"后的第一场战争，
当时我是副连职干事，三十年后我成长为我军的
高级将领，但我对这场战争的记忆丝毫没有减弱。
战争惨烈啊，双方炮弹在空中相撞的事都发生过。
我随部队向前开进时，民工就在路边挖坑，密密
麻麻的，这些坑是准备战后放牺牲者遗体的。部
队就从这些坑边上走，你说他们会是种什么心态？
从稻田里冲锋时，敌人的双管高射机枪平射，打
到稻田里的水溅起来有两层楼那么高。前面全是
地雷，尖兵部队所进行的地雷破除法已经失效了，
于是把水牛赶过来，在尾巴上点着火，期望水牛
负痛往前冲，踩地雷。连水牛都不敢往前踩，知
道会炸它，掉头往回跑。最后，一个班长叫了一声：

全班滚雷！那个班全牺牲了。这一切，无时无刻不在萦绕着我。当时刚经过文化大革命，我们对现代战争相当陌生。战士搭乘坦克前进时，用背包带把自己绑在坦克上，结果碰到敌方的炮火毫无办法，牺牲时仍被绑在坦克上。于是，我开始思考战争，开始捕捉和追踪世界上最先进的战争信息。我的那些作品就是在这种心境下写出来的。三十年前的紧迫心情，到今天还有没有？如果没有，应当返过头去找，因为新的世界给我们提出了新的要求。我们怎么履行使命？必须进行军事理论创新。这一点，国防大学必须当领头羊。不创新就意味着落后，我感到这句话说得还太轻了，不创新就意味着被淘汰。

二、战略

什么都能出错，战略不能出错。什么出了错都能挽回，战略出了错不能挽回。日本的教训是极为深刻的。日本明治维新成功后，经过日清、日俄两次战争，奠定了大国地位。它吞并了朝鲜，吞并了中国台湾和东北，已从根本上改变了日本在整个世界中的形态。然而，日本后来活生生地把一步"好棋"走死了。日本和德国不一样。德国没有好棋，它非那么走不可。希特勒上台后，面对英、美、法、苏的围堵，他不走那条路不行。那是德国发展的必然，也是它的宿命。但日本不同，它脖子上不像德国那样有一条无形的绞索。美国甚至都默认了日本对朝鲜和中国台湾的占领。同志们可以想一想，如果日本战略上不出错，今天中国会是什么模样？东北和朝鲜会是什么模样？回过头看这段历史，日本军阀就是在不可挽回的战略错误上执迷不悟地走下去。在日本，不是没有人看出问题。老奸巨猾的伊藤博文几乎在一百年前就嗅出味道有点不对。后来还有山本五十六。山本五十六坚决反对同美国开战。他最了解美国。但他的声音在日本军部显得那么无力。日本为战略出错付出的代价全世界都看到了，就是亡国。虽说没有灭种，但国是彻底亡了。这样谈日本，有人会觉得感情上接受不了，觉得日本再失败也是应该的，还有个道义问题。但国家利益是制定战略的首要准则，不能同道义混于一谈，这正是我们研究战略时要特别注意的。

　　大战略需要极强的穿透力。它不为眼前的一些假象所蒙蔽。失败不足以蒙蔽之，胜利也不足以蒙蔽之。就以美国为例，自第一次海湾战争开始，近二十年来它不停地作战。美军的作战方式不断革命，引领了世界战争的潮流。伊拉克战争、南联盟战争、阿富汗战争，美军都是完胜。在作战理论、作战体系上美国不允许有人超过它。但是它的战略怎么样呢？是成功还是不成功呢？乍一看，它现在陷在伊拉克、阿富汗苦战不已，焦头烂额。这告诉我们，光有先进的作战理论和作战体系是不够的。战略不正确，技术层面的东西再强也没有用。然而我们的思考能不能就此停止了呢？不能。现在就下结论说美国的大战略出了偏差还为时过早。

凡是战略运用得当的国家，都有一个规律：大战略一旦制定，便矢志不移地走下去，并不因其他因素而动摇。邓小平就是这样。三十多年前，他为中国制定了改革开放的路线——这已被事实证明是唯一正确的战略。有一段时间，党内不少人认为改革开放战略出了问题，希望改弦易辙。邓小平毅然以八十八岁高龄发表"南巡讲话"，拨正船头。他用铁一般的意志使国家战略得到执行，中国才有今天。

三、观念

观念的差异是根本的差异。小平同志为什么会把中国的航船转到一个正确的轨道上来，使我们一代人甚至几代人享受小平同志的恩泽，因为他有伟大的思想。哪来的思想？正确的思想是从实践中来的，错误的思想也是从实践中来的。小平的观念，光芒万丈。"一国两制"你敢想吗？不要说你没有讲的勇气，你连想的勇气都没有。小平走进了历史，创造了历史。

改革开放之初，北京建了一个建国饭店，中国人和西方人同时管理。有一次，来华访问的法国总统点名将答谢宴会定在这家饭店举行。晚上，各国驻华使节相继而来，就在这时，饭店忽然发现通往宴会厅的一处天花板漏水了。中方人员着了急，有说赶紧拿个脸盆接水，有说弄块牌子写上"请绕行"。但外方经理想了一下，吩咐一位身着黑外套的领班站在漏水处，寸步不离，表面上是为客人导路，实际上是以身接水。招待会圆满成功，没有露出丝毫破绽。廖承志听说后，赞不绝口："如果按我方管理人员的设想，在漏水处放只脸盆或痰盂，那叮叮咚咚的滴水声势必破坏整个晚上高雅的气氛，事后还将落下质量很差的印象。"

人所处的环境决定看问题的角度。老农民看到地里长了草，绝对要把它拔掉。这个草长在公园里，它就好。对同一个问题，不同的人有不同的看法。蒋子龙讲过一个故事：一个老师有两个学生，他喜欢一个，不喜欢另一个。有一天，两个学生同时拿着书睡着了，老师就批评那个他不喜欢的学生，你看这家伙一看书就睡觉；对于那个喜欢的学生，老师说，你看他睡着了还拿着书。

观念是什么？是文化。文化是一切之本。竞争的最后是文化的竞争。文化的东西看不见，却决定一切。我来以后，听了三堂课，感触很深。毕京京主任关于治国之道的课，我认为可以形成一本理论专著。他其实触及了政治体制改革的问题。徐焰教授关于我军几次作战失利的研究，突破了禁区。我军由于历史太辉煌，缺少对败仗的研究。能在国防大学开这门课，没有开放的胸襟、胆略和勇气，恐怕做不到。舒健的《晚清军事变革对我们的启示》也很出色，看似讲历史，实则讲今天；看似讲军事，实则讲政治。历史都不敢研究，还敢研究现实吗？晚清的军事变革进步很大。晚清军事变革搞了三十年，我们今天军事改革也是三十年。晚清的军事变革使中国出现了一支新军。

甲午战争中，北洋水师和日本联合舰队在吨位上相比，北洋水师占优势。人才也占优。曾在英国格林威治海军学院学习的严复等人，与同校的东乡平八郎比绝对是高材生。同样的操练方法，同样用英语指挥，北洋水师为什么打不赢？输赢不在军事本身，而在军事之外。梁启超讲过，中国失败，表面上看是器物上有差距，再细看是制度上的差距，再往深里看是文化上的差距。军事变革走到今天，要研究军事之外的东西。有时候为了发现主题，却要离题万里去找。

观念一变天地宽。很多问题，换个角度就会有新发现。有个英国摄影师给我以启示，摄影师照相的时候通常喊："大家准备好，一、二、三，照啦！"效果并不好。这个英国摄影师反其道而行之，让大家把眼睛闭上，喊"一、二、三"后睁开，这样照出的效果出奇的好。转变观念，更因为很多观念已过时。别以为年轻人观念还和我们一样，我已经感受到年轻人和我们的差别。有个谜题说：树上有五只鸟，开枪打下来一只，树上还剩几只？这种老掉牙的问题，拿来问年轻人，年轻人会回答你："干嘛要打鸟？"这就是观念上的差异。不用担心年轻人会摔跤，因为他跟你走的不是一条路。观念变，态度就会变；态度变，行为就会变；行为变，习惯就会变；习惯变，人格就会变；人格变，命运就会变。

国防大学要占领两个制高点：一个是道德的制高点，另一个是学术的制高点。站不到道德的制高点，也不可能站到学术的制高点上。国防大学要打一次战役——思想解放的战役。既然打仗就要突破，从哪里突破？向心突破，向自己的内心突破。我提一句话，我们要做战略知识分子。这句话本来是中国人民大学的一个教授提的。战略知识分子，不是只研究战略的知识分子，而是讲知识分子需要有大视野、大思路、大胸怀、大包容心。张学良对蒋介石的评价是有雄才而无大略，对他父亲张作霖的评价是有大略而无雄才。有的人有雄心但没有大略，有的人前两条都有但没有气度，有的人前三条都有但没有能力，有的人前四条都有但没有智慧，有的人前五条都有但没有资源，有的人前六条都具备但没有人格。我希望我们的知识分子全具备这七条。这样，才能成为战略知识分子。

四、智库

我知道，国防大学这些年上报了不少咨询报告，但对中央和军委决策起到重大作用的却不多。成功的咨询一定能够成为决策。不能成为决策的咨询不是成功的咨询。

我们智库的数量赶不上美国，质量更赶不上。美国华盛顿白宫外有两条大街，一条大街上住的全是游说团，另一条大街住的全是智库。最出名的智库叫兰德公司。兰德公司最出名的宗旨是"保护怪论"。兰德公司写出过很好的报告。我想同志们都看过当年有个报告叫《恐怖的海峡》，绘声绘色，可以当小说读。有的报告就一句话："中国将出兵朝鲜。"智库不是"应声虫"。领导说句话，就赶紧来解释这句话的正确性，那还叫智库吗？这种智库再多都没用。有的地方是有库无智，有的地方是有智无库。我们学校要打造智库，既要有库，还要有智。

做学问、成大事、成大家，要具有世界眼光。要往远处看，往历史深处看，往未来的深处看，往人心深处看。我十年前曾写过一本书《金门战役检讨》，我就是看出了金门战役背后存在的东西。金门战役只打了三天，却极大地改变了历史。2009年的"双十节"，马英九跑到金门参加金门战役六十周年纪念活动。他说，这场战役改变了中国近代史，改变了远东的格局，进而改变了亚洲的格局，改变了世界的格局。历史越往前发展，这场战役的意义越会凸显。金门战役的结局，直接导致了毛主席确定了宏大的国家战略：不取香港、不取台湾。这是为祖国统一千秋大业计，为子孙后代计。毛泽东的大战略后来又催生出了小平同志"一国两制"

的思想，而后来这两个地方又都极大地推动了中国的改革开放。没有改革开放，中华民族今天不是这个格局。中华民族如果不是今天这个格局，世界也不会是今天这个格局。今天世界格局的源头都能从金门战役中找到，你能小看这场战役吗？这场战役不值得我们研究吗？

越是敏感的问题越要研究。越敏感的问题越可能出成果。

2010 年 2 月 10 日

每个人都要维护抗大的荣誉

我们在国防大学工作，不能做那种向前人致敬、向后人道歉的事。刘伯承、张震这些老首长给我们奠定了这么好的基础。我们这些人的一举一动，前人看着，后人也看着。我们既承上，又启下，责任重大。

从严治校问题

我们都是做学问的人。从严治学，要从从严治校开始，从严治校就是从严治军。我讲三层意思。第一，从严治校，说起来很简单，做起来不简单不容易。凡是重要的事情都是简单的，凡是简单的事都是难办的。这不是我的话，这是美军的作战原则。第二，从严治校不能像火车进站，喊得凶，走得慢。第三，越是非作战部队，越要从严治军。这个应该是我们的理念。我们学校，比作战部队担负的任务少多了。再不严格要求自己，怎么能行？在学校，学术上一定要充分自由。我们在做学问上越自由，在行为上在纪律上就越要严格。我们现在是不是做得很好呢？要想了解自己，首先要问问别人。建立声誉犹如登山，毁掉声誉犹如溃堤。罗马不是一天建成的，但罗马可以在一天内毁掉。国防大学的声誉是靠一点一点积累起来的，但是，一两件小事就可以把它毁掉。

最危险的马屁是来自部属的马屁，最可怕的批评是来自人民的批评。当然，最真实的批评也是来自人民的批评。对国防大学而言，最诚恳、最真实的批评来自学员。我们要学会倾听学员的声音。一有空我就到学员队去倾听学员的声音。

有言道，党内民主是党的生命。我认为，党的纪律同样也是党的生命。虽然我们大的方面上都很好，但是，我们也在小的方面出了些问题。不能小看小事。细节的力量有时是巨大的。2011 年是辛亥革命100 周年，现在研讨辛亥革命的史料很多，譬如，为什么革命偏偏在孙中山意想不到的地方爆发？革命为什么在华中成功？而华中在张之洞的领导下，建新军，炼钢铁，搞洋务运动，看起来是清廷最有生气和活力的地方。在诸多史籍中，有一个说法颇有意思，辛亥革命是由一件极小的事情引起的：当时，湖北新军的精锐部队都到四川镇压"保路运动"去了，留下一些战斗力不强的部队。10 月 10 日夜里，一个士兵起来解手。没有在规定的地方解，就在院子里面解，结果被排长发现了，排长就用鞭子抽他。他就叫嚷起来，很多人过来看，排长更凶了，

"你们都过来看什么？赶快给我滚回去！"双方发生口角，最后动了枪，把排长打死了。大家想，既然把排长打死了，索性就哗变算了。革命就此爆发，造成了一个王朝的垮台。这件事告诉我们，不能忽视小事。

从严治校要从干部做起

没有带不好的兵，只有带不好的官。万马奔腾和万马齐喑，这个责任在谁啊？是在万马还是在管理万马的人身上？大家都知道铁道部部长刘志军出了问题。"霹雳一声震天响，中央抓了刘部长，亿万人民拍手笑，欢声感谢共产党。"抓出刘志军，体现了中央反腐的大手笔。刘志军是什么人？铁道部是什么部？他弟弟出事后，有人对刘志军说，你是泥菩萨过河，自身难保。刘志军说："错，我是铁菩萨。"铁道部是超级部啊！权力比发改委还大。他在这个部当了七八年部长，这个部的风气会怎么样？他会用什么样的人？士气从哪里来？士气从风气来；风气从哪里来？风气从正气来。铁道部不可能有正气！领导干部必须要自律、反省。有那么多领导干部出了问题，用过去的话说，就是个人私心太重；用现在的话说，就是欲望太强。吴稼祥到浙江去，在火车上曾经与一个人谈话。他说，现在群众的温饱问题比较容易解决，最难解决的是富人和官的问题。那人问：你为什么这么说啊？他说了一句话："温饱问题好解决，但是什么药能治得了贪欲啊？"这话给我留下了深刻印象。

我们要和个人私欲作斗争。想想前辈，想想和我们年龄差不多、在我们前面走了的人，我们还有什么私欲不可克服的？1979年那场战争过去三十多年了，这场战争影响了整整一代人。前几天，我儿子过二十六岁生日，我对他说：过生日，我建议你看一看电影《高山下的花环》。战场的情景在我心中永远鲜活。当时我在前线采访，一个老兵对我说：有一个班的女兵在洗澡，敌军一颗炮弹打来，把房子炸塌，他和战友们去挖遗体。他说："第一次看到女人裸体，竟然是在那种情况下。"我还记得，那些年轻战士为了祖国是怎样义无反顾地走上战场的。有个农村兵，随突击队冲锋前，喝酒壮行，是茅台。他说："没想到第一次喝茅台，竟是送别酒。"当时生活艰苦，可三十年过去了，有些复员的老兵，生活仍没有多少改善。前不久，一些参加过战事的老兵在云南砚山组织纪念活动，有的农村兵因为没路费来不了。有一个农村兵来了，穿的还是三十年前打仗时发的解放鞋。

那场战争，我们都是共同经历了的。李存葆从前线回来之后，写出了《高山下的花环》。我回来之后，写出了《恶魔导演的战争》和《攻击攻击再攻击》。我们走了两条完全不同的道路。我是从世界新军事变革的角度上来思考这场战争的，他则是从党的建设和军队建设的角度来思考这场战争的。我从外部，他从内部。我的《恶魔导演的战争》使得很多年轻人走上了从军的道路，影响了一大批人。他的作品也影响了一大批人。现在来看，他对当时部队那些问题的揭露，是相当有深度的。这个深度我们后来并没有达到。我有个想法，研究生院新生入学后，应该把《高山下的花环》好好看一看。我们一定要反思，尤其是领导干部要反思。我们不要想着去治别人，而要想到治自己。人人想着治己，国家虽乱而必治；人人想着治人，国家虽治而必乱。责己的人多，国家必兴；责人的人多，国家必乱。

2011 年 3 月 9 日

信仰

人类有三种关系：人与物的关系，产生自然科学；人与人的关系，产生社会科学；人与自己的关系，产生宗教和信仰。有信仰的人什么样？无信仰的人什么样？

看一看中国思想史，中国从来就没有过真正的启蒙，中国人有的只是教化。教化和启蒙有很大区别，教化是居高临下的，而启蒙则必须要从自己做起，从内心做起。我们从来不注重内心。注重内心才能建立起信仰。一百年前发明了照相术，你看看当时中国人的样子，那种呆滞、木讷、麻木，这就是我们的祖先吗？你再看看一些纪录片展示的当时日军侵略中国的片段，看看在那些鬼子的脸上洋溢的是一种怎么样的神情。中国人在电影里不能演日本鬼子，演不出那种精、气、神来。为什么姜文拍《鬼子来了》非要找日本演员？为什么陆川拍《南京！南京！》非要找日本人来演？我们到今天都不一定能演出一个注重内心的民族那种飞扬的、激越的感觉。看看当时日本人给自己取的名字，你就能看出内心的力量：伊藤博文、山县有朋、大竹英雄、石原莞尔、夏目漱石、宫崎滔天……毛主席在上中学时给宫崎滔天写信，上来就称呼"白浪滔天先生"。再看我们取的名字，狗剩、二赖、翠花、富贵……这都是什么名字！这是苦难带来的。我最不愿意听豫剧。豫剧调子悲腔哀怨，我一直认为这样的调子来自中原逐鹿的战争和黄河泛滥所带来的苦难。

　　我们是因为苦难太多而缺失了信仰，还是因为缺失信仰而带来了太多苦难？食物缺乏，使人饥饿；精神上也有饥渴问题。大约在一百多年前，中国一批有识之士看到了这一点，于是开始寻找。最初他们想从国学中寻找。中国文化博大精深，国学里有很多出色的东西，但国学能够解决今天的问题吗？有人认为能。我认为这把问题看浅了。鸦片战争和甲午战争正是在国学最盛时发生的。那么，精神层面问题的出路何在？我们的精神家园在哪里？这可能是我们这一代人的终极追问。

中国革命之初，共产党人拥有强大的信仰。为了信仰，抛头颅，洒热血，在所不惜。陈觉、赵云霄夫妇从苏联回国，在湖南从事地下活动，不幸被捕。陈觉很快被杀害，赵云霄因怀孕在身，刑期推到分娩后。孩子出生后，她只要发表脱党声明，就可出狱，但她决不叛党，敌人把她也杀害了。临刑前，赵云霄给孩子写了一封信，我记得第一句话是"启明我的小宝宝"。这封信大义凛然，却充满了人间温情。信中那一声声"小宝宝"的呼唤，分明是一曲人间亲情的绝唱。我几十年前看过描写这个故事的油画，这个女共产党员抱着孩子喂最后一次奶。当时我流泪了。这是怎样的精神和信仰！这个只有二十三岁的女共产党员体内蕴藏着怎样巨大的精神力量。肝肠寸断中却对共产主义的明天抱着无限憧憬。过去我们拥有多么强大的精神力量，不夺天下是不可能的。

　　1948年淮海战役时，我爸爸任二十一军六十三师一八七团三营教导员，率部阻击国民党邱清泉兵团。八连守在一个叫王塘的小村庄里，邱清泉号称"邱疯子"，部队拼命进攻。八连只剩下六个人。指导员意志崩溃了，躲到一个茅屋里面哭。连长张春礼领着六个战士与敌人拼刺刀。在最紧要关头，我爸爸领着人增援上来，打退敌人。八连后来被命名为"英雄八连"。我参军时，也被爸爸送到这个连队。上世纪五十年代末，《解放军报》上刊登了一块巴掌大的文章，名叫"血战王塘"，里面有一句提到了我爸爸："战斗打到关键时刻，营教导员刘建德带着队伍上来了……"这巴掌大的文章被我爸爸一直保存着。他搬了无数次家，丢弃无数东西，这报纸却留着，都发黄了。我每见到它，都有一种心酸的感觉。爸爸保存的是什么？是对党的忠诚，是对革命事业的信仰。爸爸离休很多年后，回到"英雄八连"，整个连队列队迎接他，让他讲话。白发苍苍的他根本讲不出话来，泪流满面。

今天，很多人信仰破灭了。信仰一旦崩溃，比不曾有过信仰更加糟糕，就像文明一旦崩溃，比不曾有过文明还要糟糕一样。前几天，我又看到一封信，是一个退休多年的老干部写给儿子的，大意是：你到社会上工作后，千万不能讲真话，因为讲真话是要倒霉的。在领导面前你要说三分话，不可全抛一片心。不要轻易相信别人，等等。这封信登在一个杂志上，你们可以找来看看。这封信，说明这个革命多年的老同志的信念已经破灭。这封信也代表了当前相当一部分父辈的心态和观念。

当前，精神危机是最根本的危机。无精神是无道德的体现，无道德是无信仰的体现，道德的源头是信仰。精神的构建在今天比物质的构建要重要百倍。没有精神的中国是不会过上好日子的。我们已经尝到最初的苦果。有段子说，中国人从食品中完成了化学的扫盲。比如，从大米中认识了石蜡，从火腿中认识了敌敌畏，从鸡蛋中认识了苏丹红，从牛奶中认识了三聚氰胺。这一点，我们对古人、对今人、对未来人都是欠了债的。这个债一百年也还不清。今后，我们可能会尝到更大的苦果。我已多次讲过信仰问题，可应者寥寥。我想起了"文革"中牺牲的张志新的那句话，张志新在临终前叹息："我向冰冷的铁墙咳一声，还能听到一声回音。我向活人呼唤千遍万遍，恰似呼唤一个死人。"但我是一个拥有自己内在灵魂的人，我是自己的主人，我不是任何人的奴隶。我的力量来自于我的自身，来自于我的灵魂。

　　这就是信仰。

2011 年 10 月 7 日

敢于成才

利用这个机会，我想送给大家几句话：

第一，军队是你们的，也是我们的，但归根结底是你们的。看着你们洋溢着青春光彩的面孔，非常高兴。年轻真好！年轻既是一种符号，又是一种品质。要让它成为一种品牌。你们不仅肩负着国防大学的希望，也肩负着全军的希望。我虽然没和大家深入交谈过，但我认真阅读了你们的简历。我感到你们的成长经历非常好，基础非常好。你们承载着我们的重望啊！你们也许不知道，我们对你们的期望，要比你们想象的大许多许多！
你们所承载的希望，比你们自己认识到的还要深、
还要重、还要大。

　　年轻担大任，敢于成才，早成才。像我干过三
件事，都是在年轻的时候。第一件，就停止南方
边境战事上书中央。那场自卫还击战是小平同志
的重大战略部署，但是当那场战事发展到后期的
时候，有点变味了。当我从战区调研回来后，给
当时军委副主席杨尚昆写了一个报告，说作战应
该立即停止。后来杨副主席就批了，作战就停下
来了。现在见到当时很多人，他们说，当时要不
是你，我们可能就不在了。第二，促成中韩建交。
我是 1988 年作为作家去了韩国，回来后就向中
央提出，应早日跟韩国建交，后来在这个事情上
我立了二等功。第三件事，就是 1992 年，我受
组织派遣，登上台湾岛。当时，我坚持两条：第
一，必须以共产党员的身份登岛；第二，不掩饰
军人身份。后来，这个事情在台湾酿成了轩然大
波，一个"大陆人"以"共产党员"的身份和"解

放军大校"的身份来台岛，为什么情报部门都没发现呢？岛上先闹起来，跟着在香港吵，最后一直闹到国内。后来当时的国家领导人讲了一句话："我看曝光也不是坏事，两岸之间还是要走动嘛。"事情才消停下来。我认为，这件事情在对台关系史上，是起一定的作用的。你们那么年轻，年轻就是一种本事，要敢于在年轻的时候做些事情，大器早成嘛。大器既可以早成，也可以晚成，可以早成的时候不要晚成。

第二，要尽快完成角色的转换。前不久，《解放军报》召开了原总装副政委朱增泉的作品《战争史笔记》研讨会，诗人周涛在会上讲，军队中有两个人引起了他的注意：一个是朱增泉，从真正的将军转变成为真正的作家；一个是刘亚洲，从真正的作家转变成真正的将军。

你们都来自部队，走进了国防大学师资班，你们将成为下一代师资力量。这不仅对我们学校的发展很重要，也对你们提出了很高的要求。你们要抓紧实现角色的转变。今天，你们从部队来到校园，明天，你们要从校园走向战场。当前，战场瞬息万变。现代战争是目标战争、全纵深战争，已完全颠覆了传统战争的概念。以 2003 年伊拉克战争为例，美军面对的是十几个伊拉克共和国卫队（师），按传统战法，需要更大的兵力，可美军只有一个师，它就敢于大胆推进。因为战争形态已经完全改变了。

　　国防大学要研究战争。我到国防大学后曾经建议，有两场战争应当很好地研究。第一个是中国历史上的长平之战。长平之战是改变中国走向的一场战争。固然，战争是政治的继续，但是战争的终点仍然是政治。当时秦和赵都倾全国之兵投入这场决战，秦胜利了，统一了中国。山西省高平市市长来找我，告诉我他们准备在长平之战遗址上建一个雕塑，让我题词。我说，我就题一句话：中华民族从这里走向统一。他一拍大腿说，好得很！我说，你别急，话还未完。这场战争的胜利者是秦国，秦国的国家形态是什么呢？是专制、是集权、是暴虐。在先秦那样丰富多彩的时代，恰恰是秦国没有出过思想家。秦国统一了中国，把秦的国家形态带到了全中国。秦国在统一中国疆土的同时，统一了中国人的思想。如果是赵统一，可能不是这样。自那以后，中国再也没有出现先秦时期百家争鸣、百花齐放的局面。同时，中国也再没有出现一个严格意义上的思想家。这个战争是值得我们研究的。

还有一场战争是英阿战争，不是英国和阿根廷的战争，是英国和阿富汗的战争。英国和阿富汗打过两仗，几乎和鸦片战争同时。按国土，阿富汗比中国小得多；按国家形态，阿富汗不仅是封建的，甚至还是部落式的，比大清国要落后得多；论兵力，也少得多，英军在阿富汗两次投入三万兵力，在中国投入几千兵力，还有相当多的印度兵。但是这两场战争的结局截然不同，英国打赢了两场鸦片战争，输掉了两场和阿富汗的战争。阿富汗没有跟英国签订任何不平等条约，没有赔一分钱，没有割一块地。中国呢，赔款、割地，开始了苦难的半殖民地半封建的时代。为什么呢？

我们要研究这两场战争，我们要看到战争后面的东西。

机械化之后是信息化，信息化之后是什么？在这方面，美军有一些想法更深远。我觉得，信息化之后有可能是生物化。发展最迅速的科学首先会用于军事。那么现在什么发展得最迅猛呢？生物科学。生物科学面临着一场巨大的革命。这场革命带来的成果，一定会用在军事上。生物化有可能引领下一场战争。上个世纪，我们一直在密切地关注着台海。我曾经感到，只要台湾不"独立"，我国的战略机遇期就在。但是，战略机遇期不是稳出来的，而是打出来的。不用说毛主席在建国初期打的那几场战争，就是邓小平的改革开放，也是以一场战争开局的。这场战争赢得了中国近三十年的战略机遇期。战略机遇期，我用一句很形象的话来讲，像在银行里存款。由于老一辈革命家实行了正确的路线，在银行里给我们存了一大笔钱，但是这些年我们一直在提取存款，差不多要提完了，现在到了该向银行里存钱的时候了。那么，突破口选在哪里？无非是两个方向：一个是山上，一个是海里。山，指的是西部那块高地。海，指的是东海问题、台海问题、南海问题。这些问题对我们形成了巨大的挑战。挑战就是威胁，就是危机。危机是什么？危险中也有机会。危机处理好了，就会迎来新的机遇期。

第三，要敢于成才。要有改变世界的决心。当然，要想改变世界，首先要改变自己。只有改变自己，才能改变世界。一定要有必须做点什么的信念。要想到爹妈把我生到这个世上，就是要我成才的。要敢于露出自己的棱角，露出自己的锋芒。只要有，就得露出来。如果没有，那是另一回事了。现在我们都在津津乐道乔布斯，人们都问：中国能不能出乔布斯呢？我说两点，第一，现在中国不可能出乔布斯；第二，将来中国一定会出乔布斯。乔布斯就有可能在你们这一代人中产生。你们都要有信心做乔布斯，做军中乔布斯。

大家都知道上世纪八十年代美国有一个总统叫里根。他是个三流的好莱坞演员，却是个一流的总统。他在美国有着极高的政治地位。他为什么在美国会有这么高的地位呢？事情得从他的一次遇刺开始讲起。一个美国青年叫欣克利，为了向影星乔迪·福斯特示爱，枪杀里根总统，打中了里根。里根住院之后被抢救活了，从地狱门前走了一遭。大难不死，感慨万千。他在病床前想，我遭受了这样大一次灾难而没有死，一定是上天派我来做事的，从此之后我将按照自己的想法行事，不受任何的干扰。我必须要在有生之年做一两件事情，让我的生命变得有价值。他就在病床上发誓要打赢冷战。历史在这个时候悄悄拐了个弯。他下决心打赢冷战的时候，很多人认为不可能，因为当时苏联还是相当强大的。但是里根非常相信自己的直觉，除了直觉之外，他还采取了一系列正确的战略，比如星球大战，比如利用军备竞赛拖垮苏联。当时有人跟他讲，你这是一场赌博。里根说：我将为这一场豪赌承担全部责任。他最终赌赢了，苏联输掉了冷战，国家没了，两极世界也垮掉了。你们看，人的决心有多么强大！

苏联解体后，戈尔巴乔夫给时任美国总统的乔治·布什打了个电话，说："冷战结束了，你们赢了。"这时里根已经去世了。布什向国会议员转达了戈尔巴乔夫的话后，议员全体起立，掌声经久不息。很多议员流泪了。他们说，这眼泪是为里根流的。

2012 年 3 月 3 日

用老实人

我和张文忠主任一起工作已经整整两年时间，从他身上学到很多东西。谈到张主任，首先浮现在脑海里的印象是：老实人。不要小看这个评价。人的一生中能获得这样的评价，足矣。和这样的人在一起共事，省心、放心、开心！都说在一起工作是修来的缘分，那么和这样的人在一起共事，那就不是前一世了，恐怕是前几世修来的。我讲三条意见。

做老实人

最近我在师资班讲话时，引用过胡适的一句话：做学问要在不疑处有疑，做人要在有疑处不疑。做老实人的最重要的标准，是讲党性、听党的话、跟党走。其次，就是堂堂正正做人，坦坦荡荡、大大气气、蓬蓬勃勃、辉辉煌煌。现在都在抱怨道德沦丧，道德的败坏，首先是官德的败坏。你们在座的都是中高级领导干部，为官首先要为人，做好官首先要做一个好人，做好人就是要做老实人。为什么有些人官德那么差？为什么我们痛感生活中老实人不多？这是一个深层次的追问。有一个作家的话有点刻薄，他说，中国共有三种人，第一种是良心没有被狗吃的人；第二种是良心已经被狗吃了的人；第三种是良心连狗都不吃的人。

最近中央电视台《新闻联播》里插播的是《红色记忆》，写的都是烈士。我不知道大家注意到没有，这些烈士最后落脚点都有一句话：被叛徒出卖，遭到敌人杀害。赵尚志、杨靖宇……没有例外，都是被叛徒出卖。为什么我们很多人的道德品质那么差？现在有了网络，更成了中国人道德水准的一面镜子。网上骂人，蔚然成风。尤其是骂女人。中国女人最伟大，所有的竞技项目都是女比男强。女人在中国又是最苦命的。自古以来，女婴被杀害多少！这是中华民族的"性别大屠杀"。连女人骂人，也使用侮辱女人的话。过去是上房，现在是上网。还说什么"跃然纸上"？早已是"跃然网上"。网络是虚拟的，但伤害是真实的。虚拟的网络加上现实的广场，构筑出一种特殊的政治现象，必须引起重视。现在有个现象，在网络上只要是骂官，绝对是叫好一片。骂声越激烈，喝彩声越高，可见人人痛恨官员。但现在什么最火热？考公务员却又是最热门的，几乎踏破门槛。

写老实文章

你们都是笔杆子。为什么部队的政治教材那么不受欢迎？为什么报纸杂志上讲的那些东西不能深入人心？现在的状况是，"老百姓啥也不信，专家啥也不懂，媒体啥也不说，政治教育啥也没用。"因为你假，深入不了人心。你写的那些东西连你自己都不相信，却想让别人相信，那不是鬼话？你写的东西首先你自己信不信？你儿子看不看？这也是一种不老实。做文章不老实和做人的不老实是相同的。笔是千斤重呀。文章一定要真实。做老实文章的根本内涵在于真实，真实才是有生命力的。古人讲，做人要端正，做文要放荡。这里讲的"放荡"指的是思想的驰骋。人要老老实实的，但文章要锦绣才华。"放荡"和锦绣才华，首先是建立在真实的基础之上的。没有真实，绝不可能有锦绣文章。仅靠说教是征服不了人心的。说教没有生命力，不要说藏之名山传于后世了。

这里面仍然有体制上的问题、教育上的问题。因为我们这代人从开始写作文就说谎。我也说过谎。我们都写过那样的作文，比如"我捡到一分钱送给警察叔叔，警察叔叔问你叫什么名字，我说我叫红领巾"；我们都写过"我扶着一个老人过马路，我看看太阳，太阳更加鲜艳了"；"打扫完教室后，我擦着汗笑了，我看到我的红领巾更加鲜艳了。"我是从这里面跳出来的。我说过谎话之后，我意识到它的罪恶了。现在什么都不缺，就缺真实！1958年大跃进的时候，安徽有个人快死了，到医院看病，医生给他号脉之后说，你就缺一味药。两个字：粮食。饿的！现在我们就缺一味药，真实！在诚实的社会中，诚实其实并不那么被人看重；只有在不诚实的社会里，诚实才显得特别的金贵。说真话的人往往是批评者，批评者往往是爱国者。伟大的批评者往往是伟大的爱国者。

改革开放之后，我们拍了一部片子，叫《血战台儿庄》。这部片子拍完之后，没有任何地方敢上映，因为反映的是国民党抗战的事情。最后，习仲勋同志说，先拿到香港放映一下吧。没想到电影在香港造成了巨大的轰动。蒋经国听到这个消息之后，把片子调到台湾去看。据说蒋经国看完后，讲了这样一句话："原来共产党还是实事求是的。"这个电影直接促使了蒋经国开放老兵回大陆探亲。两岸关系翻开了崭新的一页。同志们，实事求是的力量多么伟大！

写文章，要学习鲁迅。鲁迅极大地提高了汉语的杀伤能力，这话是朱大可说的吧。朱大可还说："汉语这种语言是比较适合写诏书的，写歌功颂德的纪念碑的，或者是写慰问信这类东西。"汉语在鲁迅手下变化成了匕首和手枪。鲁迅反对一切塔式建筑，我想，他是反对高大。鲁迅《阿Q正传》出版之后，很多中国人要告鲁迅诽谤罪。因为鲁迅写的阿Q太像自己了。你看鲁迅的力量多伟大。鲁迅曾经说过一句著名的话："我想过了，一个也不宽恕。"他是有大恨哪。但是，他首先是有大爱，他对这个民族有大爱，他才能有大恨。

用老实人

　　我在军职以上工作岗位二十多年，用过人，也被人用过；调配过别人，也被别人调配过。当我调配别人时，我掌握一个原则：用老实人。这一点，我有切肤之痛啊。我爸爸1939年参军，当了十四年的副军职干部。"文革"中，他的军长和政委给江青写过信。1976年粉碎"四人帮"之后，军区派人到我爸爸所在的军来调查情况，来人直接就给我爸爸讲，你只要出面揭发军长和政委，军政委的位子就是你的。我爸爸说，都是一个战壕里出来的人，我怎么能揭发他们呢！就因为这样，军政委位子成了别人的。我常常想起爸爸讲过的一个故事。淮海战役时，爸爸是教导员，营长鲁锐是华东一级人民英雄。营长、教导员两个人在战壕里走，一颗子弹飞来，打在鲁锐的头上，一声不吭就倒在地上牺牲了。检查他的全身，什么也没有，只有一副扑克。这颗子弹要是打中我爸爸，也就没有我了。我爸爸每次回到徐州淮海战役纪念馆，都要在鲁锐的照片前站立很长时间，默默流泪。从这一举动中，我明白了爸爸为什么不揭发军长和政委。就这样，我爸爸干了十四年的副军。在我爸爸手下用起来的干部，后来干到大区正职以上的就有很多，而且关系极好。说到我爸爸，都说他是老实人。

最后，谈一谈用人导向问题。看东西，近的清楚；看历史，远的清楚。我作为党委书记，一是要公道，二是要择优而用，三是要全面选拔。李光耀讲过一句话，中国是在十三亿人中选人才，美国是在六十亿人中选人才。我们选干部就是要把目光放到全校去。

学员队是基层，也是上层。他们是人类灵魂的工程师啊。他们在将军的摇篮里担负着管理者的角色，是国防大学的门脸，怎么能说没发展呢？一个领导干部，一定要心系基层。哪一个领导干部不是来自基层？怎么能一当了领导就忘了基层呢？小孩子不理解大人，这可以理解，因为小孩子没当过大人。但是有时候大人也不理解小孩，这就大错特错了，因为你当过小孩。我们的干部都是从基层起来的，有的位居高位之后偏偏忽视了基层。在选拔干部的问题上，社会上不正之风鼎盛。都说把权力关进笼子里，什么笼子也关不住钥匙在权力者手中的权力，关键要把钥匙管住！你们是有权力的，你们担负着把人培养成才的权力，哪一种权力能比这种权力更加荣光？

2012 年 6 月 8 日

学习粟裕

我们一到南通就参观了粟裕同志在这片土地上演出的一幕幕生动的剧目，即"七战七捷"，还听了徐焰同志的讲课。在座的都是高级干部，都应该向粟裕同志学习。我们要学习粟裕同志三点：

第一，高级干部要有非凡的能力。今天在"七战七捷"纪念馆，我用宗泽的诗表达我对粟裕将军的赞颂："眼中形势心中策，缓步徐行静不哗。"看他的打仗，就像是感受一门艺术。打得多好啊！

简直出神入化。粟裕是有韩信之才的。他打仗的
才能不在林彪之下。他甚至比林彪还能战。林彪
的条件部分是毛泽东创造的，粟裕则是自己给自
己创造条件。连林彪都佩服他，说："粟裕净打
神仙仗。"林彪还说："有些仗我打不了。"我
一直在想，以我们今天的训练能力，以我们今天
的战略思想、战术思想，如果说我们的对手是当
年的国民党军，我们能打得像华东野战军那么漂
亮吗？我看不一定。我们作为高级干部，怎么才
能向粟裕同志学习呢？怎么才能使自己的才能更
进一步呢？就要多读书。徐焰同志今天就讲到了，
为什么华野的几个部队经常打胜仗，就是因为部
队里江浙知识分子多。粟裕同志就是爱学习、勤
思考的典范。我希望同志们把大量时间用在学习
上。书中自有黄金屋。现在我们一半的时间都消
耗在消遣和应酬上了，这是很不应该的。

　　第二，学习粟裕同志敢于提不同意见，敢于说
不，这实际上是我党倡导的实事求是的精神。可
是实事求是的精神今天到哪里去了？中央党校门

口立着一块刻有"实事求是"字样的石头。学员们迎着"实事求是"来，绕着"实事求是"走，背着"实事求是"学，离开"实事求是"干。这些话全都是双关语。粟裕同志在很多时候与上级意见不一致，但后来的结果都证明粟裕对了。打"苏中七战七捷"是这样，后来的淮海战役也是这样。尤其可贵的是，粟裕心中有什么不同的意见，就大胆地把它提出来。当时，毛泽东已决定派南进兵团渡江，而粟裕坚持在江北打一个大仗，消灭国民党有生力量。在城南庄军事会议上，毛泽东在地图前沉思许久，忽然转过身来厉声道："粟裕同志，如果你不敢渡江南下，挑不起这副担子，党中央可以考虑换别人去！"对粟裕来讲，他必须做一个正确的抉择：要么坚持真理，要么服从于领袖权威。但粟裕坚持了真理。粟裕同志胸怀很大，毛泽东胸怀更大。粟裕是山，毛泽东是海。登山望远，海天无际。毛泽东几乎全部采纳了粟裕的不同意见，才使中国革命胜利的时间大大提前了。对照粟裕同志，再看看今天的高级干部，我们有愧啊！我们哪怕具有一点点粟裕同志的精神，很多事情就不会是今天这副模样。要认真想一想，我们平时是不是讲的真话，我们听的是不是真话。我们讲不出真话，因此我们也听不到真话。只有人人都讲真话，大家才能听到真话。这是双向的。当一个人说假话的时候，当一个人极力宣扬连他自己都不相信的东西的时候，那么这个人准备干什么呢？他准备干坏事。

第三，要学习粟裕同志忍辱负重的精神。他把党的事业放在第一位，把自己的一切都置之脑后。徐焰在讲课时有一句话不知大家注意到没有，就是上世纪五十年代在批判粟裕的时候，粟裕的老部下王必成讲，至于粟裕同志的"阴"，我没看出来。像粟裕这样有才华的人，这样老打"神仙仗"的人，我们党内、军内相当一部分高级领导同志的头脑中，竟觉得他"阴"。有一位高级领导曾长期与粟裕共事，有人问他，你对粟裕很了解，对他有什么看法。这位高级领导讲，只有一个字："阴"。粟裕听到这个话后辩解道，我曾经两让华野司令给别人。可那个领导说，这正说明你"阴"！你看，我们的文化是不是出了问题。一个那么有才华，那么品质高尚的人，竟会被他的同志们说得如此不堪。容不下人啊！连粟裕这样的人都容不下，还能容得下谁？也许，正是他的才情，他的无私，才导致他不见容于他人。这个问题往下究，就太深了。楚青讲，粟老有三苦：战争年代打仗打得苦，解放以后挨整挨得苦，晚年生病生得苦。直到粟裕同志去世，他都没有看到自己被平反。想到这一切，我们活着的人，又有什么个人名利不能丢掉？又有什么私心杂念不能抛弃？我们还在乎职务或上或下吗？

2012 年 7 月 13 日

黑瞎子岛有感

　　1962 年，对印自卫反击战中，我军歼灭了印军一支部队，这支部队曾编入英军序列进攻过北京，火烧圆明园。毛主席听说以后，拍案而起："百年国耻！"在这场战争中，我军官兵越打越猛，越打越好，一个劲向南插，战士打到最后连棉衣都脱掉了。有个战士怯生生地问指导员："指导员，再往前打，我们是不是要打到美国去了？"为什么我们的官兵会打得这样好？我在揣度，他们心里一定涌动着一种复仇的情绪。解放战争中，第一野战军解放太原，打得很艰难；解放临汾，打得很艰难；但是，克兰州，下西宁，摧枯拉朽。为什么会这样？因为战士们心中涌动着复仇的心理。当年，马步芳的"马家军"曾经使红军西路军几乎全军覆灭。打印军，解放军指战员肯定也有报两次鸦片战争之仇的心态。三天前，我踏上黑瞎子岛，心里也有相同的感情。我在边防哨所的题词本上，写下了古人的一句词："旧江山，浑是新愁。"今天我们收回了黑瞎子岛的一半，我站在哨所，遥望黑瞎子岛的另一半，以及那另一半之后大片广袤的土地。那里曾经也属于中国，我们并不遥远的祖先丢失了它们。我们并不遥远的祖先还不止丢失了它们。老祖宗是强悍的，并不遥远的祖先却是懦弱的。他们缺少的就是大无畏的、不屈的、英勇顽强的战斗精神。

我们去日本看，日本的小学生男男女女大冬天都只穿裙子、短裤，不穿长裤。同样是半殖民地半封建，同样是屈辱地被打开国门，同样是签订了不平等条约，但精神就是不一样。"黑船事件"之后，在长崎发生了这么一件事情，外国向日本幕府提出，

精　神

有二十三个日本大员必须杀掉，这和后来八国联军对慈禧太后提出刚毅、赵舒翘等主战派大臣必须杀掉是一样的。在菜市口杀刚毅和赵舒翘时，裤管都是用绳子扎好的，为什么？因为会吓得屎尿齐出。菜市口的茶楼酒肆两天前都被订光了，人们在那儿看热闹，真是丑态百出。在长崎，那二十三个人在一天早晨来到了闹市，依次用最残酷的方式剖腹自杀。以至于监刑的外国人看不下去，说算了算了，你们别死了。大东沟海战时，北洋水师和日本联合舰队几乎同时发现对方，北洋水师提督丁汝昌给全军下的命令是，升火、准备作战；日本联合舰队司令官伊东祐亨给全舰队下的命令是：开饭。

　　前不久，黑龙江省委书记和我见面，他讲了两件事：第一，在黑瞎子岛上，他们建了一座塔，塔前面有一个石龟，头向着东方，寓意为神龟探水，是饥渴之意。他说，我们还有没有收回的土地。第二，在这个塔身上，镌满了体现中国人、中华文明的东西。他动情地说："领土不可能是一成不变的，将来也许还会有不肖子孙把这块土地丢掉。那么，若干年后，历史考古，在这里发掘的话，点点滴滴都是中华文明之迹。"我听了以后想了很多。居安思危，言语令人警醒。同时，我想到了我们这代人的责任。我们这代人，奋斗过，奉献过，我们改变了我们所能改变的，我们也获取了我们应该获取的。我们为国家、为民族做出过贡献。今日之中国已然屹立于世界民族之林，我们的经济位于世界第二位，都是我们这代人做出来的。后人谈起我们，一定会动容。但同时我也想到了，我们这代人还有一个小小的缺憾，就是还没有在军事上有所建树。历史中，总是战争的画卷最优美，而不是金钱，也不是经济。

现在，我提议，为了我们这代人，为了我们永远不再失去国土，甲午战争中，北洋水师覆灭的时候，它的舰长（就是那些管带们）几乎有一半自杀殉国，为了这种惨痛的历史不再发生，为了我们祖国永远强大，以水代酒，洒到地上，祭奠英灵！

2013 年 7 月 8 日

眼光决定未来

发自内心的微笑不一定写在脸上，写在脸上的微笑不一定发自内心；你能记住的东西不一定写在本子上，记在本子上的东西也不一定能记住。因此，不要记。一流的领导，要让别人感觉不到他的存在；二流的领导，让人服从；三流的领导，让人仰视。要学会当领导，不要老讲话。领导的话都是对的，对的都是废的。讲来讲去，如果讲不出新意的话，不如不讲。

我是带兵的人，但也在带兵之余搞过一点研

究。我到大学来，不是来做学问的，是来给广大教研人员服务的，所以我还是比较好地摆正了自己的位置。到大学三年，我只上过一次党课，但听了很多教员的课。

很多同志劝我在这次科研骨干集训会上一定要讲一讲，大家都很期盼，再坚持不讲是不是就显得对科研工作不重视？我非常重视科研工作，但我更加重视的是对研究生的培养教育工作。我想给研究生院起个名字，叫"后天学院"。基本系的中级军官可能是我们军队的明天，研究生院的研究生们一定是军队的后天。可以预见，将来的统帅一定会从我们的研究生院中诞生。他们年轻，思想还存在着可塑性。这使我想起了中国的小学教育。中国当前最应当重视的是什么呢？是小学教育。我们的小学在孩子十二岁之前，给他灌输了大量知识，这某种程度上实际是忽略了或者说阻碍了右脑的开发，使孩子们失去了想象力和创造力。都说欧美的教育是注重心的教育，我们的教育是注重脑的教育，区别就在这里。如果说把

精　神

教育当作一万米的话，我们可能赢在前三千米，输在后七千米；欧美的教育有可能是输在前三千米，赢在后七千米。它输在一时，赢在一世；我们是赢在一时，输在一世。这种教育的弊端到今天为止还没有根治。

1978年，中美双方互派了一个教育代表团，考察对方中小学教育情况。中国代表团看到美国中小学生的情形是：吊儿郎当，流里流气；不好好上课，不遵守纪律，也不尊重老师。当时我在斯坦福大学当访问学者，也感到美国这一代年轻人垮掉了。而美国代表团眼中的中国小学生很辛苦，没有节假日，每天早晨很早起床，背着硕大的书包，啃着油条，在混浊的空气中匆匆忙忙去上学。非常遵守纪律，爱学习，回家后被无边无际的家庭作业包围。美国人认为，这批中国孩子将来会为世界科技做出重大贡献。结果，两个预言都错了。在我们认为美国垮掉的一代孩子中，出了五十六个诺贝尔奖获得者，而我们这批孩子却没有出过一个大师级人物。我最近看到一个材料，从 1978 年到今天，三十四年间，一千多个高考状元，没有一个成为学术的尖子，或是科技的尖子。我们的学校制定了一整套扼杀孩子的教育方法。童话大王郑渊洁讲，小学班主任制度是专门培养汉奸的。第一，为强权服务；第二，告密；第三，奴役同胞。有人问我，男人最好的品质是什么？我反过来说，男人最坏的品质是告密。著名主持人崔永元在采访梁启超孙子的时候曾经问：我们怎么才能够培养出高素质的、创造性的人才？梁启超的孙子是院士，和乃父、乃祖都是一样的风骨。他斩钉截铁地说："中国这一套教育根本不可能培养出这样的人。"我是武汉大学毕业的。我记得我的母校校长刘道玉讲，我刘道玉绝对是个另类的人，怎么个另类法呢？上帝造了我，然后把这个模子打碎了。

我们的科研工作这几年来取得了很大的进步。但还是有很大差距。我们特别缺乏对未来的预测。美国智库非常重视预测。1988 年，美国有关智囊机构曾预测：2008 年美国可能出现一位黑人总统。

这一预测在二十年后变成现实。不能不令人吃惊。

　　这次科研骨干集训，好就好在提出了问题。提出问题，就等于解决了问题的一半。你们都知道著名的李约瑟之问——为什么中国古代科技那么发达，后来落后了呢？最近又有钱学森之问——为什么中国培养不出大师？只要提出问题，就有了解决问题的冲动和愿望。我们要经常提问题。只有不断地提出问题，才能激活我们的思想。当前中国在崛起，世界在怎么变化？到底美国处在什么样的位置？这也是一问，而且是惊心动魄的一问。我认为，中国在崛起，美国没衰落。对不对，这得由历史检验。十年前，我曾提出一个观点：中国改革已经到了一个极限，需要注入新的动力。这个动力是什么？我却没想清楚，总觉得必须得有变化。但十多年过去了，人们认为会变化的并无变化，但中国经济却一枝独秀，甚至可以说在金融危机时拯救了世界。这是怎么回事？如果说改革开放初期，中国人是被压抑、压制得太久了，一旦解放，如火山爆发，一下激活了生产力，但那么大的冲动靠什么持久？

再比如，我们都认为中国科技、科学的落后，是由于思想的落后。中国文化在春秋战国时期，百家争鸣，百花齐放，但后来思想禁锢，结果科技没落了。现代意义上的科学在欧洲产生了。于是，我们都批评中国文化。但是，中国文化自从变化以后，或者说异化以后，有很多不足之处，但它偏偏又成为了世界上唯一没有中断的文明和文化。有的文明，是文明存在，民族不在了；有的文明，是民族存在，文明不在了；有的文明是通过别人来传承的。只有中国文化原汁原味，始终是自己的，为什么？再如，清朝末年，中国积弱，中国文化已到谷底，中国人的精神最萎靡不振。清朝打了那么多败仗就是明证。可为什么恰恰是在最黑暗的清末，却产生了一大批像毛泽东、周恩来、邓小平这样中华民族最优秀的儿女？把他们放在整个中华文明的长河中看也是最出类拔萃的。红军万里长征，那么艰苦卓绝，举世罕见，背后动因是什么？而这灿烂的一瞬偏偏在中国文化最被诟病的时候出现。类似这样的问题都要追问下去。

　　我讲两层意思。第一层意思，科研工作者必须成为党的政策的自觉执行者、坚定的维护者，必须在任何时候与党站在一起，同心同德。我们是搞顶层设计的，涉及这方面的问题，我们要勇敢地、义无反顾地去研究。我们已经走过了改革开放三十年，如果再给中国三十年的机遇期，那么中国的崛起则是不可估量的。到那个时候就不会再有任何力量阻挡中国的前进了。我们始终要前进。时钟走得快不好，走得慢也不好，走得准才是最好的。两千多年的封建制度，已经被辛亥革命和满清政府的倒台证明它在中国是行不通的；三四百年的资本主义制度也被近来资本主义国家的腐朽、没落和金融危机证明也是行不通的。我们要设计一种什么东西呢？它既有中国特色，又符合中国国情。它一定要是个"非东非西"的东西。我们要找到一个全新的政治模式。这太重要了。但如要设计得好，就可以使之既成为中国未来的政治治国方略，又成为一种政治策略，完全可以为中国再迎来三十年发展机遇期。做好这件事，功莫大焉。

第二层意思，科研工作者一定要讲真话。未来十年，将是军队改革的关键十年，留给中国军队的时间不是不多了，而是太少了。一个国家有战略机遇期，军队也有战略机遇期。我们是国防大学人，我们要当军队改革的领跑者。你们每一个人都拿到了《艰难一日》这本书，此次出版《艰难一日》，我对科研部说，我们也打了一场战斗。《艰难一日》反映的是击毙本·拉登的行动。两位作者都是美国海豹突击队队员，直接参与了这次行动。美军派了二十几个人，乘着几架直升机，击毙了本·拉登。这仅仅是二十几个人击毙了本·拉登吗？不是，实际上是美军整个作战思想、作战体系击毙了本·拉登。我对美军击毙本·拉登这件事情从不小看，总是把它上升到新型战争形态和新军事革命的高度上来认识。因此，9月6日这本书出版后，我立即安排人从美国买了一本，用最快速度带回国。我拿到书之后，就把于国华部长和出版社张勇社长叫到办公室。要求：这本书一个星期要翻译出来，两个星期内出版。这里值得表扬的是科研部和出版社，他们领会我的意图非常之快，都认为这是一场战斗。此书9月6日美国上市，9月28日这本书我们已经印出来了。我对照部分的原文看了一下，译得还是准确的。我当时要求的第一是准确，其次是速度。这不是一本书的问题，而是一个观念问题。从这本书折射出来的，应当是在观念上对我们所造成的冲击。德国国防大学的校训是什么？头脑可以移山！在座的都是教书育人的人，给别人一个头脑，你们首先自己要有头脑；给别人传授知识，你们首先要有一个知识的宝库。别人能想到的，你们要想到；别人想不到的，你们也要能想到。眼睛能看到的地方叫视力，眼睛看不到的地方叫眼光。视力只能说明眼前，眼光却决定未来。同时，要独立思考，服从内心，敢讲真话，这是我们科研人员的宗旨啊！服从内心这句话，说说容易，其实做起来很难。最近在一次座谈会上，有人问全国人大常委会副委员长韩启德："你最后悔的事情是什么？"他说，我最后悔的事情就是在上大学的时候曾经是个"乖学生"。如果现在让我翻过头来做，我一定要做一个"坏学生"。当然他说的"坏学生"，不仅仅是不听话的，而是要有独立的思想，敢于张扬个性，敢于反驳老师的人。

三十年前，我在空军联络部工作，就写过一篇关于特种作战的调研报告，名叫《谈谈突击队》，后来为了诠释这一理论，又用文艺（报告文学）的形式写了《攻击攻击再攻击》。但调研报告送上去后，石沉大海。现在怎么样？

讲真话难啊。有的官员说，当官的第一条原则就是要会说假话，要把说假话当成一个习惯，不，要把说假话当成一个事业，而且要说到连自己都相信的地步。谎话的最高境界，就是把谎话说得比真话还真。有位老同志最近说："'文化大革命'的教训告诉我们，在中国，绝不能再搞运动，但我建议，在所有的运动结束之前，再搞一次讲真话运动。"同志们看，讲真话还要搞一次运动，可见我们不讲真话到了什么程度。有时候我们评价某个同志比较率真，总爱说："这个人敢于讲真话。"讲真话还要用"敢于"二字来形容，前面这个副词加得是很悲哀的。讲真话是人的本性，不讲真话才是反人性的。为什么要加这个副词？有首歌唱道："说句心里话，我也想家。"想家是天经地义的，还要用"心里话"修饰，人性被扭曲到什么程度。因为，讲真话在潜规则里行不通，讲真话是要倒霉的。说假话已经成为一种潜规则，如果有人说了真话，轻则被认为是反常、不懂事，重则会被视为大逆不道。在这种情况下，没有一种异乎寻常的举动，就很难从根本上改变这种状况。现在有一种非常不好的倾向，真话不敢说，假话说起来却如行云流水。过去有句话"浑身是胆雄赳赳"，现在是"浑身是假雄赳赳"。假话就是一亿人说也是假话。改变不需要理由，改变本身就是理由。

前不久，研究生院毕业的一个学员叫周克俭，兰州军区的，写了几条语录，语言很刻薄，但很有才："第一，刘亚洲的话不一定就是真理，但真理里面往往有刘亚洲的影子；第二，刘亚洲的确敢讲真话，他讲真话。大家认为那是勇气，但周克俭讲了那么多真话，不少人都觉得他是个疯子。因为讲真话不光需要勇气，更需要底气；第三，评价一个领导干部优秀与否，不看他讲了多少真话，干了多少真事，要看他用了多少真人；对于刘亚洲而言，他的学生，如周克俭等，混成这个屌样子，能说他是一个优秀的军校高级领导吗？第四，不少上国防大学的人，如周克俭之流，聊以自慰的是，我没有财富，但有思想。现在发现，不少人既没有财富，更没有思想；既没有地位，更没有方向。结论是，如果你爱一个人，就让他上国防大学；如果你恨一个人，就让他上国防大学。"我接到他这个语录之后，思考了很久，就从这短短的几条语录来讲，此人是个有思想的人，是个敢于讲话的人。这段真话也部分地代表了我们国防大学毕业学员的状况和思想，那种无奈，那种无助！

军队改革已经到了攻坚阶段。我们每一个科研人，在未来的十年里一定要牢牢地关注美军。现在有人讲美军重返亚洲。什么重返？它根本就没离开过。世界到处闪动着美军的影子。它现在对中国的遏制是一步逼一步，表现形式却是它在撤军，从不少地方撤军，为什么啊？因为它现在已经从面控制发展到了点控制。它在制定规则啊。有些规则就是让人执行的，但是有些规则就是供人打破的。我军要有敢于打破规则的勇气。有时候，我们不是跌倒在自己的缺陷上，而是跌倒在自己的优势上。可以选择放弃，但是决不可以放弃选择。最好的选择，也未必是选择最好的。

对我们大学最厉害的批评来自于一个外军学员，他就是刚果(金)的高等军事学校校长卢卡·马赛林少将。他说，你们的教学内容和课程设置，好像与国防大学最高学府的定位不大相称，实施的很多科目，与美国等西方大国的军兵种的战争学院、参谋指挥学院这个层次教学的东西类似。建议大家认真学习一下这个人的讲话，或把那次的讨论纪要以某种形式发给大家。我们要思考我们的方向，思考我们的未来。小是非面前，沉默是智慧；在大是非面前，沉默则成了谎言。当我们是少数时，可以测试我们的勇气；当我们是多数时，又需要测试我们的宽容。我们既要有勇气，又要有宽容；我们既要有视力，更要有眼光；我们既要有做好本职工作的决心，更要有放眼未来的胸怀。

2014 年 2 月 18 日

继续解放思想

我认为，教学改革是中国军队改革的重要组成部分。十八大报告中已经把世界新军事变革改为世界新军事革命，那么中国的军事改革能不能成为一场革命？国防大学要做中国新军事革命的发动机。当前最重要的不是我们置身于何处，而是将走向何方。我们要有危机感，要在辉煌的时候看到黯淡，在成功的时候看到危机。百度的董事长李彦宏搞了那么大的企业，他的口号是：百度离破产只有三十天。怎么才能增强危机感，并把我们的教学科研推向新的高度呢？只有解放思想。
人的头脑就像降落伞，只有打开才能起作用。有
思想是痛苦的，有思想也是快乐的；创造思想是
痛苦的，创造思想也是快乐的。

　　要解放思想，首先要明白是什么束缚了我们的
思想。无非是三个字，一个是"怕"，一个是"懒"，
还有一个是"假"。

　　怕，就是怕自己说错了话，走错了路。真正的
思想从不诞生于掌声之中，而是诞生于呵斥和批评
之下。我们的尝试可能会出错，可能会受伤，但就
是在受伤的地方才能产生出深刻的思想。如果所有
的人都反对你，结果有两条：一是说明你百分之百
错误；二是说明你百分之百正确。我们看惯了这么
多年在中国所发生的情景：一些被批判的人万劫不
复，而被批判的思想则有可能成为文化遗产。毛泽
东说过：世界上有两种人，一种是读书的人，一种
是干事的人。常常是读书的不会干事，干事的又不
屑于或不会读书。历史上读书兼干事很突出的人有
三个，一个是范仲淹，一个是曾国藩，还有毛泽东。

我们知识分子，应当是又干事又读书。把书读好，才能干好事，但是干好事的同时也不忘读书。整个教研队伍和知识分子的眼光，应该像探照灯一样，照的不是过去，也不是现在，照的应该是未来，应该是天空。天空就是未来。

懒，是指不愿意动脑子，不思考，也有不干事的现象。有人说，世上最难做的事情有两个：第一是把自己脑子里的东西放入别人脑子里；第二是把别人口袋里的钱放到自己口袋里。我们做的就是第一件事，目前做得还不够。状态不行！在有的学校里，学员往往是有想象力的，老师往往更有扼杀力。在学术上，一方面拼命崇洋媚外，另一方面拼命抱残守缺。越崇洋媚外就越可能抱残守缺；越抱残守缺就越可能崇洋媚外。今天，我想提出一个具体问题，即提倡我们的教研人员著书立说。

名校出名师，名师出名著，这是立校之本。学校的使命就是一出人才，二出思想。没有思想，谈什么教育？从三个方面可以看出我们学校的差距。第一，从历史上看，世界上许多著名军事理论家的鸿篇巨制，特别是那些影响和改变世界的名著，大都源于他们在院校工作时的奇思妙想，有些甚至就是在任教的岗位上完成的。比如，克劳塞维茨、马汉、富勒、隆美尔的著作。军事院校应当成为培养理论家和思想家的摇篮。第二，我们的大学旁边就是清华大学，他们不仅重视教育，而且高度重视理论产出。2009年，清华大学发表科学专著一百六十五部，2010年，发表一百三十八部，这是一种何等丰富的教育资源和创造积淀啊！相比较，我们大大落后了。第三，从世界高等军事院校教研人员的理论著作产出比看，美国、英国、俄国等军事强国的高等军事院校，把著书立说作为教研人员的重要工作职能，一般要求五到六年就要有代表性的著作问世。产出的著作和由此带来的思想却很不够。有人说："大思想家，必须有大图书馆。"美国出一本书，后面有两千本参考书。大思想家，产生于最需要大思想家的时代。

假，就是伪创新。有种状态叫伪工作，也有伪学习。伪创新，就是没有创新假装在创新，没有思想假装有思想，这是最要命的。不敢讲真话。我们是灵魂的工程师，首先要自己讲真话。不敢讲真话是个人的耻辱，当然，不能讲真话是时代的耻辱。一句真话的分量比整个世界还重。可开可不开的会，尽量不要开；可发可不发的文件，尽量不要发。遵义会议决议才九十多个字，我给同志们念一下："（一）毛泽东同志选为常委；（二）指定洛甫同志起草决议，委托常委审查后，发到支部中去讨论；（三）常委中再进行分工；（四）取消'三人团'，仍由最高军事首长朱德、周恩来为军事指挥者，而周恩来同志是党内委托的对于指挥军事上下最后决心的负责者。"这九十多个字改变了中国历史。如此重要的决定，如此简洁明快，真不得了。这九十几个汉字，决定了共产党的伟大转折。

国防大学是一个适合做学问的地方。有人在研究大学时讲到，外国著名的大学都在小城市里，中国著名大学都在大城市里，而在大城市里是不太适宜办大学的。什么地方办大学比较适宜？丘陵地带比较适宜。恰恰我们国防大学处在城市边缘，处在丘陵地带。我们这些做学问的人，守着这样一个高地，夫复何求？要提倡：认认真真地治学，清清白白地做人。国防大学应该成为这样一个地方：处处是创造之地，天天是创造之时，人人是创造之人。

我们这些人早晚要成为祖宗。我们应该想怎么当一个合格的祖宗，给后人留下点什么。比如我们学校，教学也好，科研也好；成为名师也好，不成为名师也好；成为名将也好，不成为名将也好，都要留下点东西，不枉活一生。明亡之后，顾炎武游历全国。每到一处，只要看到城墙盖得又高又厚，一问，准是唐代留下来的；只要看到道路又宽又直，还是唐代留下来的。唐朝对我们影响至巨。这给我们启示。我们要做唐人。我们要超过唐人。我们要让后代提起就两眼放光、赞不绝口。

2014 年 10 月 8 日

附录：

谈谈突击队

突击队就是执行特殊突击任务，在敌方猝不及防或意料之外的情况下迅速完成作战行动的部队。突击队与快速部署部队在概念上是不同的，前者属于战术性质，后者属于战略性质，但前者所采取的战术行动往往对于战略行动产生重大的甚至是关键的影响。快速部署部队一般在战争爆发的情况下才投入使用，而突击队却在战时和平时都能发挥效用。从最近世界上发生的几场战争来看，突击队的介入所产生的影响绝不仅仅局限在战斗上，而是在战役上，甚至影响到作战双方的整个战略格局。

一、突击队的崛起

二十世纪六十年代初，经历过古巴导弹危机后，当时的美国总统肯尼迪得到一个教训：美国虽然拥有举世最强大的军事力量，但要在不实行重大军事对抗、不至于引起世界战争的情况下制止苏联的地区性扩张和解决地区纠纷，并非易事。在认真研究对策后，美国决定迅速成立一支从事非常规任务的部队，肯尼迪亲自为其定名为"特种部队"，并下令在北卡罗莱纳州巴拉格堡训练营立即开始训练。这支部队就是今天突击队的雏形。但肯尼迪不久遇刺身亡，加之军方匆匆将一批未训练成熟的特种部队投入越南战场，受到挫折，特种部队因此一直未受到重视和应有的待遇。

七十年代中期至八十年代初期，全球性恐怖活动日益增长，对西方国家民心士气影响极大。为了遏制和打击恐怖分子，一些主要西方国家纷纷建立反恐怖突击队并展开活动。但那时各国军方对于突击队的认识仍是肤浅的：突击队似乎更多是从属于政治而不是从属于军事。战争不需要它。然而，这种看法自从 1976 年以色列突击队突击乌干达后开始大大转变了。是年六月，六名阿拉伯恐怖分子将一架载有一百多名以色列旅客的飞机劫持到乌干达首都坎帕拉，停在恩德培机场。乌干达位于非洲腹地，距以色列约有四千公里，中间还隔着埃及、苏丹、索马里、沙特阿拉伯、埃塞俄比亚等敌对国家。尤其是乌干达本身就是一个反犹国家，阿明总统甚至派出军队协助恐怖分子。恩德培机场上还有许多乌干达空军战斗机。7 月 4 日午夜，以色列突击队员一百六十人，分乘四架 C-130 飞机，在八架战斗机护航下作长途超低空飞行，奔袭乌干达。这种在世人看来根本不可能实现的袭击完全出敌意料，以色列突击队获得成功。整个突击行动仅用了五十三分钟，打死全部劫机者，救出全部人质，并击毁了恩德培机场上全部乌干达的战斗机，以色列突击队只有一名军官死亡。这个行动震撼了全世界。美国前国务卿黑格将军曾说，突击乌干达既是针对恐怖分子的，也是针对每一个敌对国家的，这种袭击一旦成功，将是极其致命、极其可怕的，对敌方产生的影响难以形容。因此，它的意义远不止于营救出被劫持的人质，而是对现代战争提出了新命题。许多西方国家乃至东方国家如苏联、东德等，都在悄悄地但却是认真地研究这次行动，并相继效法以色列建立了突击队。在1982年英国与阿根廷的马尔维纳斯群岛之战中，突击队又一次受到世人瞩目。南乔治亚岛是马尔维纳斯群岛的前进基地，战略地位异常重要。当英国特遣舰队还在大西洋中跋涉时，它就派出一支突击队，乘飞机突袭该岛并予以占领，为英军的进攻夺取了一个立足点。马岛战争中，英国突击队特别活跃。5月15日夜，突击队偷袭阿军机场，一举摧毁阿军十一架飞机和一座弹药库。英军特遣舰队司令伍德沃德战后称：这次袭击对于随后的两栖登陆、加强海空封锁、夺取制空权，具有不可估量的意义。由此可见，突击队在现代战争中大有用武之地。今天，突击队的作用已为愈来愈多的国家所重视。苏、美两个超级大国拥有高度现代化装备的部队，但都建立了突击队。据目前掌握的情况看，不唯苏、美、英、法、意、德这些国家建立了突击队，就是一些第三世界国家如埃及、印度、泰国、印度尼西亚、朝鲜、韩国，也都建立了突击队。阿根廷军队在马岛战争中吃够了英国突击队的苦头，战后它认真反省，汲取教训，于最近也成立了类似突击队的部队，定名为"空中骑兵旅"，并为该部队调拨了二十四架 AS-332 "超美洲豹"直升机。据巴西人士透露，这支部队的主要作用是对敌人进行"机动突击"。

二、突击队将在未来战争中起哪些作用

突击队初创时期，是以救人质为主要目标的，但随着它的成熟以及近年来的战争理论、战争教条的革命，最初的主要目标反而退居次后了。美国军方认为，战时，突击队的行动将是一种超越于正规部队之上的、夺取主动的作战行动，而这一行动一旦成功，又将大大地影响作战部队。固然，突击队在平时能突出地发挥效能，但未来战争必将是它大显身手的战场。这里重点谈谈这个问题。

（一）对敌人的指挥中心、参谋总部采取行动，包括突袭远在敌方纵深的首都

1980年美国突击队突击伊朗首都德黑兰的"蓝光行动"便是一例。这是一次流产的突击行动，但美国突击队在这次行动中表现出来的决心、勇气、部署、筹划，却是不能一般看待的。这次突击与以色列突击乌干达有相同也有不同。相同的是双方都是突击敌对国家；不同的是以色列突击队的目标是机场，可供以色列飞机起降，而美国突击队的目标则是位于德黑兰市中心的美国大使馆和伊朗外交部大楼，两处均戒备森严，困难大得多。一位美国作家曾说过这样的话："我已经注意到，伊朗的议会大厦与美国大使馆相距并不远，倘若要突击议会大厦呢？"被西方称为"大

胆得令人震惊"的"蓝光行动"策划极为周密：兵分两路。一路是九十名突击队员从美国本土起飞，飞到另一个半球的伊朗卡维尔沙漠上降落。与此同时，八架直升机从阿拉伯海上的航空母舰上起飞，也到卡维尔沙漠会合。突击队员在山区隐蔽一天，天黑后再分乘没有标志的卡车和公共汽车潜入德黑兰。进攻得手后，直升机飞抵大使馆接应撤离。由于三架直升机在沙漠里发生故障，后又相撞，突击行动被迫取消。但从业已付诸实施的初期阶段来看，突击行动井井有条、神速、诡秘，虽然跨越大半个地球，动用陆、海、空三军众多的军舰、飞机，但始终不为人知，就连拥有先进侦察卫星的苏联也没有察觉。这个战例是值得我们注意并加以认真研究的。

（二）突击敌方的核武器设施

1974年"十月战争"中，埃及得到了苏联新式防空武器"萨姆六"导弹，连续击落以色列飞机。后来沙龙强渡苏伊士运河，派遣突击队从地面攻击"萨姆六"导弹设施并予以摧毁，才为以色列夺回制空权。

（三）破坏敌方的动力系统

以发电厂、石油与天然气贮存中心、油管、电线、变电所为重要的攻击目标。

（四）追踪、暗杀敌方的政治与军事领袖

1983 年 12 月 25 日美军入侵格林纳达时，部队尚未开始行动，先派一支突击队秘密潜入该岛，把当时政府的反对派、原格林纳达总督司库恩劫持并保护起来，以免他在美军登陆时遭到杀害。美军占领该岛后，立即推出司库恩左右政局，很快使全岛平静下来。这个行动一直是保密的，直到今年六月才泄露出来。

上述种种任务将达到以下几个目的：

由于达成突然性而使敌人的防御失去平衡，或者在心理上失去防御平衡；

在发起进攻的最初数小时内最大限度地震撼敌军和帝国人民；

使敌方指挥系统和控制系统瘫痪；

减少敌人使用战术核武器甚至战略核武器的危

险性，因为对于敌人大后方核设施的突击也是完全可能的。

　　三、突击队的组建与使用时的几个特点

　　（一）倚空军为父

　　对敌人纵深和特定目标进行突击，首先要解决运输工具问题。纵观近十年各国使用突击队的战例，无一不是以飞机作为运输工具。同时，突击队行动所需要的神速、隐蔽、高度机动等条件，也只有飞机才能做到。这一点，最突出的例子是1977年10月西德突击队（GSG-9）采取的"魔火行动"。当时，四名恐怖分子劫持一架德国汉莎航空公司的客机后，降落在罗马。GSG-9紧急出动，乘飞机直飞罗马，尚未抵达，劫机者已强迫客机起飞，不知去向。空军雷达侦知被劫飞机飞往塞浦路斯，立即通报GSG-9。后来，劫机者先后在塞浦路斯的纳拉卡、阿联酋的迪拜、也门的亚丁和索马里的摩加迪沙等地降落，GSG-9乘飞机尾随追踪，一步不落，航程一万余里，最后在摩加迪沙还是利用飞机接近被劫的客机，对恐怖分子实施突击，十分钟内结束战斗。

突击队的作战性质决定了它大部分要以地面行动为主，但空中行动仍是最重要的环节，二者须臾难离。因为地面行动不是通过机降便是通过伞降来实施的。鉴于此，许多国家都是在空降兵基础上成立突击队的，如英国突击队就称作"特别空勤团"，队员几乎全部来自空降兵。美国空军中的突击队称作"特别作业大队"，也是以空降兵为主。以色列、苏联、埃及、法国、阿根廷等国亦是如此。

更有一些国家直接使用战斗机完成突击行动。1981年6月7日，以色列空军以八架F-16和六架F-15组成突击机群，飞越约旦、沙特阿拉伯、伊拉克等敌国，袭击伊拉克首都巴格达附近的反应堆，在三分钟内摧毁了伊拉克自1970年以来苦心经营的核反应堆，以机全部安全返航。国民党空军近年来也把用飞机对大陆实施突击作为一个重要训练项目来抓，不可不防。如黄植诚所在的第五联队，就拟有一个突击我福州机场的所谓"天雷一号计划"，所有第五联队飞行员均按此计划进行严格演练和沙盘作业。黄植诚起义时，就是按照该计划中制定的线路飞行的：自桃园起飞后，保持无线电绝对静默，超低空（距海平面不到二十米）进入大陆，找到乌龙江大桥后作三百三十度转弯，即可对正福州机场。当时，我雷达未发觉黄植诚的飞机。

（二）冒险性强

美国《新闻周刊》说："突击队就是要把一切不可能变成可能。"事实证明，突击队总是在敌人最意料不到的地方、最意料不到的时候投入使用，出奇制胜。如以色列突击乌干达、突击巴格达反应堆，乍听起来，都是令人难以置信的，但又都成了事实。美国突击队跨越大洋突击一个敌国首都，更是富于冒险性。最近美国突击队还拟定了在战争爆发的情况下，以小股突击队突击敌后方部队的作战计划，运用所谓"窜击战"迟滞敌军的开进和撤退。这也是相当大胆的设想。

（三）弹性指挥

突击队一旦行动，只有一个目标：用最高手段去完成任务。突击队的行动总是在远离指挥部的地方实施，因而突击队指挥官必须拥有指挥全权和具有灵活处置情况的能力。苏联突击队（又称"特务军"）强调，必要时，每一支突击队要独立作战。在下述情况下，突击队完全可以自己不经请示采取行动：1.无法与大本营取得联系时；2.奉命摧毁目标或刺杀某人或夺取文件时；3.敌人核武器即将发射时。突击队的作战原则和指挥原则是"攻击、攻击、再攻击"。有时指挥官明知出击会使突击队全部牺牲，亦不得稍有延迟。

（四）甄选极严，训练极严

所有国家的突击队都具有这样一个显著特点：绝对重质不重量。苏联特务军要求队员必须是"特别精选的战士"。美国挑选志愿报名参加突击队的人员时，录取比例为48:1。一位叛逃到西方的苏联军官苏沃洛夫（化名）撰文指出，苏联突击队的候选人必须履行两个手续：其一，忠诚检查；

其二,签署官方的秘密保安状,违者以间谍罪论处。

突击队的训练极其严格。突击队员来自空降兵,但训练项目比空降兵多得多,严得多。尤其要训练许多常规作战使用不上的项目,如意志力、反应力的训练,独立作战和生存训练,还有破坏、撬锁、炸毁、登山、滑雪、潜水、通信、识图等。再如,美国突击队员在进行射击训练时,必须打中所谓"双重人靶"才算及格。这种枪靶,使用一个"人形"掩蔽着另一个"人形"。放枪的人,必须打中后面一个"人形",同时使前面一个"人形"安然无恙,才能获得通过。至于被挑选作为实施飞机突击的飞行员,更要受到严格训练。以色列飞行员突击巴格达核反应堆时,往返行程两千公里,没有地面导航,没有熟悉的地标,也不允许从本国接受指令,十四架飞机密集编队,机翼与机翼几乎贴在一起,以至于在沙特阿拉伯航空管制的雷达上只显示出一架大型民航客机的反射脉冲,且长时间超低空飞行,稍有不慎,就会酿成重大事故,暴露作战意图。由于飞行员训练有素,技术娴熟，保证了突击任务的顺利完成。

（五）不到万不得已的情况下不轻易动用，用则用在关键处

因为突击队员来之不易，所以各国对于这种部队是加倍爱护的，并给予很高待遇。有些国家对于特种部队则采取一系列严格的保密措施，以期在使用时达到突然、隐蔽的效果。意大利在前总理莫罗被杀害后就成立了一支突击队，号称"头皮套"突击队，但意大利政府长期否认这支部队的存在，直到1982年初这支部队在营救美国准将多齐尔一役中取得辉煌战果，被报界大肆宣传后，才不得不承认。

苏联特务军隶属"格别乌"（情报局），苏联当局用尽一切手段隐瞒这支部队的兵力、编组、功能、部署，甚至其存在的事实。特务军有警卫森严的专属营区。当特务军因任务需要与别的部队同驻时，双方人员不得做任何形式的接触。

1984 年 8 月 20 日

军改宣言

新军事变革汹涌而来。各国军改都在突飞猛进。留给中国军队的时间已经不多。

一、战争变形了

毛主席曾经说过："美军打到哪里，哪里人民就学会打仗。"他老人家先知般的预言被近年来的事实证明是真理。从上世纪九十年代海湾战争到现在，美军三年一小打，五年一大打，整整打了近二十年。我计算了一下，美军已经打完了四场中等规模的战争，实现了三个国家的政权更替。

　　这四场战争一场比一场新颖，一场比一场眼花缭乱。美军不仅在表演，而且在授课。全世界军人都是它的学生。美国在发动战争的同时也发动了世界新军事变革。美军就像袋鼠一样，始终跳跃在世界的前头。

　　从某种意义上讲，美军是被中国军队逼出来的。美国建立迄今二百多年，从未尝过败绩，唯上世纪有过"逢共不胜"的历史——朝鲜战争和越南战争等于都是同中国交手，全败。这两场战争之后，美军涅槃。美军的变化违背了世界军事的规律：军事变革通常在专制国家产生。法国虽有戴高乐，但他的坦克战思想在本土毫无市场，却被希特勒拿过去大放异彩。成吉思汗、拿破仑，包括斯大林，都是军事变革的高手。倒不是因为这些人有卓识，而是本性使然：既要吞吃他国，就得有强大军力。同时，专制的举国体制能够轻易办成别人办不成的事。美国把这些定律改变了。

　　在四场战争中，美军都废除了"前线"的概念。

战争已经成为以斩杀政府首脑为核心，打击经济设施为重点，摧毁敌国人民意志为根本的全新模式的战争，整个世界为之震撼。1990年海湾战争，美军打的是信息化。南联盟之战，美军打的是一体化联合作战。阿富汗战争，美军用的是立体化透明化的作战方式。伊拉克之战，美军打的则是"全维"作战，连信息化战争开始时应首先对敌方进行电子压制这一手段也懒得用了。许多军人惊呼：看不懂。

　　这四场战争告诉我们：什么都可以重复，战争不能重复。上一场战争的经验并不适用于下一场战争。我有一种直觉：信息化作战方式很快会过时。这可能是中国军队的悲剧，何尝又不是喜剧？我们尚未打过机械化战争，而这种战争方式已被淘汰。但幸运的是我们可以站在别人的肩膀上眺望未来。一种战争规律是：走别人的路，让别人无路可走；另一种则是：自己无路可走，因此走新的路。

二、军队变小了

美国人说，二十一世纪的战争是班长的战争。这话太妙了。它昭示着一个真理：新型战争需要新型军队。

昨天的战争讲究战略纵深。苏联和中国都曾依靠纵深赢得过战争。今天，战争已穿越天空向太空延伸，真正的战略纵深在太空。格林纳达之战后，美军提出"三化"——陆军模块化，空军隐形化，海军两栖化。这"三化"的首要点是小型化。

掌握了新的战争形式，往往对敌人只需要一次打击。开战即决战。第一次海湾战争，我们还能看到大规模的伊拉克坦克、飞机被摧毁，共和国卫队狼奔豕突的场景，而在新的伊拉克战争中，世界只能在战场上看到美国军队的神速推进，一天近二百公里。

美军新的条令规定：连长要具备司令意识。更深一层次的意思是，陆军的连长、F-16编队的机长、海军的舰长都要准备在战争的某一个阶段唱主角。因此，必须学会把握大局。这反证了它已经把军队缩小到了何等程度。

　　缩小绝不仅仅是减人，而是优化组合。美军提出的全能型军队是：中国的士兵、德国的参谋、日本自卫队的少佐和美军的将军。中国士兵最能吃苦耐劳。德国参谋科学素质好，做事精确。日本基层军官最有责任心，遵守纪律。而前三者都必须由美军来指挥。只有优化，才能优秀，中国先秦奇兵不强，因为马非良种。汉武帝不惜大规模用兵从西域引进大宛良马，世人只看到其骄奢的一面，却忽略了军事上的用意：正是西域马改良了中原马种，才有了后来征讨匈奴的胜利。

　　上世纪末，俄军也曾裁军，但只是裁人，为了吃饭。结果裁来裁去，吃饭的虽然少了，饭量反而大了。因为肌肉都减没了，脂肪却依然留着。普京上台后才开始减脂肪。

　　过去，冷战时期苏军是力量型军队，美军是技术型军队，中国是谋略型军队。今天，冷战后的俄军不复有力量，美军则兼有技术和力量，再加上一定的谋略。

三、军改不是军事，而是政治

中国军队改革关乎国家之命运。

自从邓小平确立了改革开放的政策路线后，中国已平稳地走过了三十年。如果能再平稳地走三十年，必天下大治，就再也没有任何力量能够阻挠中国崛起。可以想见，这不符合西方国家利益。

中国历史的规律：小事件，小变革；大事件，大变革。没有鸦片战争就没有太平天国。没有甲午战争就没有辛亥革命。没有文化大革命就没有改革开放。未来可能影响中国的大事件有三：1.台海战争。2.中日战争。台海战争可以导致中日战争。东海冲突也可以导致中日战争。在东海划界问题上中日存在着不可调和的分歧。中国态度太强，会导致战争；中国态度太弱，也会导致战争。3.边疆发生动乱。新疆发生因分裂运动而引起的战争可能性尤大。

文无第一，武无第二。战争一旦爆发，中国只能有一种选择，美国却可以有多种选择。对美国而言，日本胜，它算胜；台湾胜，它亦胜；新疆分裂了，它还是胜。反之，日本败，它仍是胜；台湾败，它可以选择退出战争或让台湾回到中国。即使台湾回归中国，美军仍可以留在亚洲，还是一副不败的棋局。中国若失败则是另一次甲午战争。中国政府垮台不算，新疆、西藏，甚至包括内蒙古都脱幅而去。中国能承受这样的失败吗？

　　三大事件背后都有美国的影子，同时也闪现着美军的身影。近年，我为加强对台军事斗争准备，一再增加军费，台湾却一再削减军费，说明它是想在美军体系内同我一战。中国不能与美国为敌，中国军队却一定要以美军为敌。以美军为敌，必先以美军为师。美军已经走得太远了。它在战争思想、作战理论和技术战术等方面远胜其他国家，"可以击败世界联军"。

　　日本的战争准备比我们充分得多。日本海军已在世界排名第二，超过俄罗斯了，仅次于美国。虽然它仍叫作海上自卫队，其实只差没有航空母舰了。日本航空自卫队说在开战几小时内就能取得北中国海的制空权，此话虽狂妄，但值得重视。

我们总说讲政治，什么是最大的"讲政治"？加速军事变革和军队改革是我军最大的政治，这是一场扎扎实实的政治仗。我军是靠政治打天下的。美军一个研究人员称解放军的威力源于"党支部"。他一直想弄清这个无处不在的"党支部"到底有什么魔力，能使解放军战无不胜。新时期我军应当像重视"党支部"一样重视军改。

四、向哪里突破？

我军的突破口在哪里？在装备上？不是。在理论上？不是。在体制编制上？也不是。我们的突破口在心里。

第二次世界大战之后，美国成了至高无上的"海军国"——它控制着全球海洋。普京改革俄军，看得出来它是想朝"空军国"方向努力。俄军轰炸机已在中美洲翱翔就是例证。中国军队呢？美国人的一句话让我们警醒：中国还是"陆军国"。

美国人还提出了理由：1.红军、八路军和解放军的主要构成是农民。农民永远依附土地，很难把目光投向天空和海洋。2.建国以来，几次战争特别是朝鲜战争和对印战争打得太辉煌，陆军立了大功。3.中国国土广大，非大量兵力看守不可。

改变状况，首先靠国家。邓小平早就讲过，教育是第一位的。解放军的结构主要由农民构成。而今天中国农村教育现状与城市教育存在着巨大差距，使社会结构的不合转移到了军队中。日本天皇总结日俄战争经验时说，要感谢日本的小学教师。因为明治维新后，日本普及了小学教育。沙俄军队多是由农奴组成的，几乎全是文盲。二战中，国民党兵根本不是日军对手，望风而逃。但后来组建的中国印缅远征军，因为补充了不少青年学生，再经过美军的训练，结果战斗力大大提高。

其次靠我们每个人。把眼睛从土地上收回来，投向天空和海洋，必须从新做起。必须从我做起。坚决改变观念。有些观念看似正确，实则非也。

176

观念的改变是最根本的改变。电视台军事频道曾花很大篇幅宣传某部队养猪种菜的事迹，地方上有人不禁问：难道国家大把的军费是用来培养饲养员的吗？

改变观念亦可从我军优良传统中寻找。现在军事干部和政工干部不交叉。战争年代，哪个干部不是既当师长，又能当政委？现在成了两张皮，动辄就说："你们军事干部"、"你们政工干部"。

人品决定产品。

2008 年 9 月 20 日

朱苏进：说刘（代跋）

写下这两个字就有点惶惑，因为要全面而清晰地说刘亚洲不是一件易事。他和所有的可以思想、可以文字的人一样，不能完全摆脱政治的、人际的、社会的、环境的……总之许许多多之外的因素的制约和纷扰。然而，与很多人不同，他的话语长期而明确地坚持了一种坦率而尖锐的态度，同时丝毫不隐讳地针砭。可以说，刘亚洲是以敢于直言的姿态出现的。"不妥协"，对世界，对自己，对社会，对恶人，对一切有违其道德标准和价值取向的现象，他都坚持了一种斗士的姿态。前不久读杜甫，有两句可能很能描述刘的姿态。第一句是"丈夫誓许国，愤惋复何有"，第二句是"风尘三尺剑，社稷一戎衣"。尽管从更严格的意义上他也并未能"完全彻底"，还只是相对、相比较而言，但在保持一团和气、无原则的吹捧、不能直言以至于相沿成习的今天，不能不说"难得"二字。尤其是以他当今的地位而言。

以我个人的感觉而言，这是一个兼有灵秀和执着气质的奇人，但他又大相异趣。简而言之，是"清爽"，是君子之交淡如水，有点自恃、矜持、孤傲、清高。有时还比较固执。有点接近他自己反复张扬高蹈的"个人品格"，当然不是传统的迂腐气，却也不乏"专家学者的人类情怀"和道德良心。这种特定的形式，常常把渐渐疏远了很多事的周边的人又重新笼罩到一种独特的气氛中，可谓益莫大焉。

作为一名军人，刘亚洲有一种特别的"磁场"，无论在什么环境，只要他一开口，便让人不由自主地向他靠拢，引人进入他的思路或故事。这种吸引力很大程度上源于他披坚执锐的思想锋芒和积极进取的人生姿态。

"所有发达国家的崛起，首先是人才的崛起。对待人才的态度往往标志着一个民族的文明程度"。这种提纲挈领的表述，实际上道出了他思想激情的来源，也为他至今所有的战略研究成果作了最好的注脚。

他和同期的某些文人不同，他不属于那种剪红刻翠之人，无论是语言、意境还是思想，他都别立一宗。每每拜读他的文字，他敏锐泼辣而不乏稳重深思，认真严肃而不乏鲜活灵动，切中肯綮。于是他的思想"源源不断"地生产出来。迄今为止，他的《大国策》《大战略观》《西部论》《甲申再祭》《农民问题》《对台作战战略评估》《信念与道德》……一系列文章早已引来众多智库和学者的关注。其实，他和所有事业有成的人物一样，成功是责任感、执着、刻苦以及灵性的综合产物。说刘最为重要的是要说刘的战略思想，研究刘亚洲的战略思想。人们不难发现，无论是面对风波谲云诡的世界，刘独具慧眼，还是置身风高浪急的台海，刘力排众议，抑或是被诩为今之"隆中对"的"大国策"，入木三分的"美国论"，刘亚洲战略思想武库的核心完全围绕着新世纪国家战略展开，并表现出一种耀眼的大视野、大思维、大智慧。

这就是刘亚洲。刘亚洲真是人如其名：亚洲、亚洲、亚洲……"我们亚洲，山是高昂的头。我们亚洲，河像热血流……"

可以用亚洲来取名的父母不是很多，因为用这个名字的人必须有这样的胸怀，就如他的座右铭一样——"苟利国家生死以，岂因祸福避趋之"，仿佛是站在高山上看一条在雾霭里若隐若现的河流。

在刘亚洲看来，军人使命和民族精神高于一切，完成时代和历史赋予的重大命题是当今的重中之重。要以此去获得"会当凌绝顶，一览众山小"的眼光，而不是纠缠在一些具体的细枝末节的问题上，那么，与之相关的思想、精神、风范，国家的居安也好，都会找到解决的办法，都不再成为妨碍思想的羁绊。刘亚洲作品里的大视野、大思维、大智慧已几近极致。而刘亚洲很多语言蕴含独特的思想与哲理，发人深思、给人以启迪。耐人寻味，这是他智慧的高度浓缩。基于此，在罕见的思想巨人面前，让人不由高山仰止。

　　不知怎么回事，说到刘，我经常会想起辛弃疾，尽管他们生不同代，经历迥异。若论统兵领将，可能刘的提辖地位还更胜一筹，但他们的共同点是两个人都是热血报国的军人，两人都是用刀剑赋文，随时饱怀驰骋沙场、血溅战袍之念，而且语中均有凛然和磅礴之势。辛弃疾因当年诗词中的"列舰层楼"、"投鞭飞渡"、"剑指三秦"、"西风赛马"等军事比喻，被后人说成"读他的诗词就像读一部军事词典"，那么读刘呢？刘的《知雄守雌》《纵横捭阖》《做官与做人》《信念与道德》《带兵》，堪为当代的一部《将军指南》。

　　如是，任何道德意义上试图说刘都几乎注定苍白。从刘亚洲作品中悟到的，不仅其情亦切，其声亦竭，不仅是"子规阵阵犹啼血"，更是一个国家大战略的"命脉"。因此，我们仍将"说刘"下去。

图书在版编目（ＣＩＰ）数据

精神／刘亚洲著 .–武汉：长江文艺出版社，
2015.8

ISBN 978-7-5354-8027-9

I.①精… II.①刘… III.①中国历史—研究 IV.①K207

中国版本图书馆 CIP 数据核字 (2015) 第 174176 号

精神

刘亚洲　著

选题产品策划生产机构 | 北京长江新世纪文化传媒有限公司

选题策划 | 金丽红　黎　波　安波舜

责任编辑 | 孟　通　　　　装帧设计 | 郭　璐　　　　媒体运营 | 银　铃　刘　冲

内文制作 | 张景莹　　　　责任印制 | 张志杰

总 发 行 | 北京长江新世纪文化传媒有限公司

电　　话 | 010-58678881　　　　　　　传　真 | 010-58677346

地　　址 | 北京市朝阳区曙光西里甲 6 号时间国际大厦 A 座 1905 室　　　邮　编 | 100028

出　　版 | 长江出版传媒　长江文艺出版社

地　　址 | 湖北省武汉市雄楚大街 268 号湖北出版文化城 B 座 9–11 楼　邮　　编 | 430070

印　　刷 | 北京中科印刷有限公司

开　　本 | 640 毫米 ×960 毫米　1/16　　　　印　张 | 11.5

版　　次 | 2015 年 08 月第 1 版　　　　　　印　次 | 2016 年 01 月第 7 次印刷

字　　数 | 100 千字

定　　价 | 39.80 元

盗版必究（举报电话：010-58678881）

（图书如出现印装质量问题，请与选题产品策划生产机构联系调换）

　　我们承诺保护环境和负责任地使用自然资源。我们将协同我们的纸张供应商，逐步停止使用来自原始森林的纸张印刷书籍。这本书是朝这个目标前进迈进的重要一步。这是一本环境友好型纸张印刷的图书。我们希望广大读者都参与到环境保护的行列中来，认购环境友好型纸张印刷的图书。